Tokyo
Tips für Anfänger

Eine Veröffentlichung der
Deutschen Gesellschaft für Natur- und Völkerkunde Ostasiens (OAG)
5-56, Akasaka 7-chome, Minato-ku, Tokyo 107, Tel. 582-7743

Liebe Benutzer der „Tokyo-Tips"

bei einigen Adressen werden Sie eine Stockwerkangabe finden. Diese richtet sich nach der japanischen Zählweise, d.h. Erdgeschoß = 1. Stock, deutscher 1. Stock = 2. Etage

Zur **Aussprache** ist zu bemerken:
Geschriebenes y wird wie das deutsche j im Wort *Jugend*,
geschriebenes j wird wie das j im Wort *Jeans* gesprochen.
Geschriebenes ch wird *tsch* gesprochen (Beispiel: *machi* sprich *matschi*), sh wie das deutsche *sch*.
Geschriebenes z wird wie im englischen Wort *hazelnut* stimmhaft gesprochen.
Die Dehnung der Vokale o und u wird durch ein ∧ über dem Vokal ausgedrückt; nur der Name *Tokyo* bildet eine Ausnahme. Das gedehnte e wird mit ei wiedergegeben. Eine besondere Kategorie im japanischen Wortschatz bilden die – meist aus dem Englischen stammenden – Fremdwörter. Bei diesen Wörtern wurden gedehnte Laute durch Doppelvokal wiedergegeben (aa, ee, ii). Bei zusammengesetzten Begriffen wurde ein Apostroph gesetzt, wo zwei Vokale aufeinandertreffen, aber getrennt gesprochen werden, z.B. *ki'iro* (gelbe Farbe). Der Leitzordner *fairu* (engl. file) dagegen wird gesprochen wie geschrieben.
Zur Schreibweise japanischer Wörter in alphabetischer Schrift ist zu bemerken:
In diesem Buch wird die Hepburn-Umschrift verwendet; Zur besseren Lesbarkeit wurden zwischen den Namen und den Begriffen TO (Hauptstadt), SHI, CHÔ (Stadt), KEN, KU, GUN (Verwaltungsbezirke), KO (See) usw. Bindestriche eingefügt.

Und nun noch eine Bitte!
Falls Sie in den *Tokyo-Tips* fehlerhafte oder überholte Angaben, sei es Namen, Adressen, Telefonnummern usw. finden sollten, oder falls Sie neue Anregungen für die nächste Auflage haben, rufen Sie doch bitte einfach kurz bei der OAG an oder schreiben Sie eine Postkarte.

Im voraus schon herzlichen Dank.

TOKYO
Tips für Anfänger

Von
Jutta Cantzler

Überarbeitet von
Jutta Arnold

unter Mitwirkung von
Christa Frula, Ariane Leuzinger, Harue Reder
Kyôko Schlecht, Ingeborg Viertel

iudicium verlag • München

CIP-Titelaufnahme der Deutschen Bibliothek

Cantzler, Jutta:
Tokyo : Tips für Anfänger ; [eine Veröffentlichung der Deutschen Gesellschaft für Natur- und Völkerkunde Ostasiens (OAG)] / von Jutta Cantzler. Überarb. von Jutta Arnold. Unter Mitw. von Christa Frula ... –
München : Iudicium-Verl., 1989
ISBN 3-89129-450-6
NE: Arnold, Jutta [Bearb.]

© iudicium verlag GmbH München 1989
Das Werk und seine Teile sind urheberrechtlich geschützt, insbesondere Pläne und Karten. Jede Verwendung in anderen als den gesetzlich zugelassenen Fällen bedarf deshalb der vorherigen schriftlichen Einwilligung des Verlags.
Umschlaggestaltung: Satoru Niitsu
Druck- und Bindearbeiten: difo-druck Bamberg
Printed in Germany
ISBN 3-89129-450-6

Vorwort

Es ist nicht einfach, für ein Buch wie dieses, mit einer nun mehr als 10jährigen Tradition, ein Vorwort zu schreiben.
Als man uns anbot, dieses Buch zu überarbeiten, wußten wir nicht, was auf uns zukam. Zu Anfang dachten wir: „Na ja, diese 500 bis 600 Adressen sind schnell überprüft". Während des Überprüfens stellten wir jedoch fest, wie schnellebig Tokyo ist, was das Abreißen von Gebäuden, Schließen und Öffnen von Geschäften und Ändern von Adressen und Telefonnummern angeht – und was uns am meisten beeindruckte, um wieviel größer die Einkaufsmöglichkeiten, selbst in den normalen japanischen Supermärkten, für Ausländer geworden sind. So finden Sie in diesem Buch keine großen Listen mehr über Dinge, die Sie unbedingt mitbringen sollten. Auch nur für teures Geld zu Erstehendes ist weitgehend nicht mehr aufgeführt.
Uns allen fiel es anfangs schwer, z.B. 300 Yen für eine Tafel Schweizer Schokolade oder 1000 Yen für eine Dose Rotkohl auszugeben. Aber die Erfahrung hat gezeigt, daß man entweder auf japanische Produkte umsteigt oder sich den „Luxus" leistet.
Für einige Dinge, die nicht in jedem Supermarkt zu haben sind, finden Sie die entsprechenden japanischen Begriffe und eine Angabe darüber, wo sie zu kaufen sind, im Miniwörterbuch.

Im übrigen wird bei allen Angaben kein Anspruch auf Vollständigkeit erhoben.
Für die Beiträge der Institutionen wie Kirchen, Schule oder auch Organisationen für den Kulturaustausch, sind die jeweiligen Institutionen verantwortlich. Alle Listen sind alphabetisch geordnet; eine Wertung ist nicht beabsichtigt.
Herzlichen Dank möchte ich all denen sagen, die uns durch neue Informationen und ihre Beiträge unterstützt haben. Ganz besonders danke ich Professor Zobel für die Überarbeitung des Theaterteils, Frau Kobayashi für die lustigen Zeichnungen, dem Verlag The Japan Times Ltd. und dem Tokyo Government für das zur Verfügungstellen verschiedener Pläne, der Firma Epson, die so freundlich war, die Disketten des auf einem Wordprocessor Epson PWP 500 geschriebenen Manuskripts auf ein MS-DOS Format umzukopieren und schließlich meinem Mann für die Geduld, die er in den 4 Monaten aufbrachte, während das Buch neu entstand.
Ich wünsche Ihnen bei der „Eroberung" Tokyos viel Erfolg und rufe Ihnen, wie Jutta Cantzler am Ende ihres Vorwortes zur zweiten Auflage schrieb, zu:

„**Gambatte**" –
„**Laß dich nicht kleinkriegen!**"

Tokyo, im Herbst 1988   *Jutta Arnold*

Inhaltsverzeichnis

(A) Vor oder sofort nach der Einreise zu Beachtendes 9

1. Was braucht man zur Beantragung eines Visums für Japan? 9
2. Was ist zu beachten beim Umzug bzw. bei der Einreise nach Japan? 10
   I. Einfuhr von Gütern 10
   II. Befreiung von der Mehrwertsteuer in der BRD 10
   III. Transport und Einfuhr von Tieren 10
   IV. Einfuhrverbote 11
   V. Anmeldung beim Ward-Office 11
   VI. Anmeldung bei der Deutschen Botschaft 13
   VII. Ummeldung des Führerscheins 13
   VIII. Wiedereinreise nach Japan 15
3. Einige Ratschläge von Alt-Eingesessenen 16
   I. Einrichtung/Hausrat 16
   II. Wäsche und Kleidung 17
   III. Babyausstattung / Säuglingspflege/ Kinderspielzeug 17
   IV. Hausapotheke 18
   V. Kosmetik/Drogerie/Waschpulver 18
   VI. Lebensmittel 18
   VII. Bücher/Schul- und Lehrmaterial 19
   VIII. Geschenke 19

(B) Wichtige Informationen 21

1. Botschaften und Ländervertretungen 21
2. Schulen / Kindergarten / Spielgruppen 21
   I. Schulen 21
   II. Kindergärten 23
   III. Spielgruppen 23
3. Kirchen und soziale Einrichtungen 23
4. Banken 27
5. Verbände (Industrie / Bund / Länder) 27
6. Organisationen für den Kulturaustausch 29
7. Fluggesellschaften/ Transportunternehmen (Stadtbüros) 33
8. Reisebüros / Reiseinfos / Info-Service 34
9. Daten wichtiger japanischer Einrichtungen 35
   I. Einwanderungsbehörde / Einwohnermeldeamt 35
   II. Post 35
   III. Telefon/Telegramm 35
   IV. Elektro/Gas/Wasser 38
   V. Fundbüros 38
10. Ausländische Rundfunkanstalten 38

(C) Verkehr 40

1. Öffentliche Verkehrsmittel 40
2. Taxi 43
3. Auto 44

(D) Medizinische Betreuung 48

1. Krankenhäuser 48
2. Ärzte 51
   I. Allgemeinpraxis / Innere Medizin 52
   II. Augenheilkunde 52
   III. Gynäkologie / Geburtshilfe / Geburtsvorbereitung 53
   IV. Hals-Nasen-Ohren 54
   V. Hautärzte 54
   VI. Kinderärzte 54

VII. Orthopädie	54
VIII. Zahnärzte	54
IX. Kinderzahnärzte	55
X. Kieferorthopäden / Spangenärzte	55
XI. Vorsorgeuntersuchungen	56
XII. Impfzentren	56
XIII. Chiropraktik	56
XIV. Akupunktur / Shiatsu	57
3. Apotheken	57
4. Tierärzte/Informationen für Tierliebhaber	57

(E) Einkäufe 59

1. Kaufhäuser 59
2. Supermärkte/Lebensmittel 61
3. Reformhäuser / Health Food 66
4. Kleidung/Schmuck 68
  I. Damen- und Herrenbekleidung 68
  II. Schuhe 69
  III. Schmuck 70
  IV. Nähzubehör 70
5. Einrichtung/Hausrat 71
6. Buchhandlungen / Zeitungen / Bürobedarf 74
7. Historische Geschäfte in Tokyo 76
8. Antiquitätenmärkte 76
9. Dienstleistungen 77
  I. Babysitter 77
  II. Delivery Service / Hauslieferung von Menüs 77
  III. Domestic Service (Personal) 78
  IV. Druckereien 78
  V. Friseur 78
  VI. Häuser- und Apartmentvermittlungen/Wochenendhäuser 79
  VII. Reinigungen 79
  VIII. Reparaturen 79
  IX. Schädlingsbekämpfung 80
  X. Müll/Sperrmüll 81

(F) Sprache 82

1. Dolmetscher- und Übersetzungsdienste 82
2. Sprachschulen 82
3. Literaturangaben zu Lexika und Sprachbüchern (Vorschläge) 84

(G) Kulturelles Leben in Tokyo 85

1. Museen und Galerien 85
2. Theater 88
3. Konzertsäle 91
4. Kinos 92
5. Programminformationen / Vorverkauf von Eintrittskarten 93
6. Bibliotheken 94
7. Kurse 94
  I. Go/Shôgi/Schach 94
  II. Japanische Sportarten 94
  III. Traditionelle japanische Künste 95
  IV. Kochkurse 96
  V. Malkurse 97
  VI. Musikunterricht 97
  VII. Näh- und Strickkurse 98
  VIII. Yoga / Meditation / Zazen 98
8. Clubs/Vereine 98
  I. Musik Clubs 98
  II. Sport Clubs 98
  III. Sonstige Clubs 100

(H) Unterkünfte/Lokale 101

1. Hotels 101
2. Ryokan / Minshuku (Pensionen) 103
3. Jugendherbergen und billige Übernachtungsmöglichkeiten 105
4. Deutsche Lokale 106

(I) Freizeit 108

1. Sportmöglichkeiten / Stadien / Sporthallen 108

2. Parks und sonstige Vergnügungen 111
   I. Heiße Quellen (Onsen) in Tokyo 111
   II. Freizeitparks in Tokyo und Umgebung 112
   III. Parks/Zoologische und Botanische Gärten 113

3. Ausflüge/Wandern 114

4. Japanische Feiertage / Volksfeste/ Tierkreiszeichen 136
   I. Japanische Feiertage 136
   II. Feste in Tokyo und der nahen Umgebung 136
   III. Tierkreiszeichen 140

(K) Erdbeben/Taifun 141

(L) Kleine Literaturauswahl 147

(M) Miniwörterbuch für die ersten Einkäufe 151

(N) Umrechnungstabellen 161

(O) Index 163

(A) Vor oder sofort nach der Einreise zu Beachtendes

„Wie soll man sich da jemals zurecht finden?"

1. Was braucht man zur Beantragung eines Visums für Japan?

Falls Sie vorhaben, nur bis zu 3 Monaten in Japan zu bleiben, ist kein eingetragenes Visum nötig. Es empfiehlt sich jedoch, bei der Einreise ein gültiges Rückflugticket dabeizuhaben.

Bei einem Aufenthalt bis zu 6 Monaten müssen Sie nach 3 Monaten bei der zuständigen Einwanderungsbehörde Ihre Aufenthaltserlaubnis verlängern lassen.

Bei einem Aufenthalt von mehr als 6 Monaten müssen Sie bei einer japanischen Botschaft ein entsprechendes Visum beantragen. Dazu brauchen Sie:
a. einen gültigen Reisepaß
b. ein Visumantragsformular
c. 2 Paßfotos (5cm x 5cm)
d. folgende Dokumente aus Japan: ein Schreiben Ihrer in Japan ansässigen Firma (für Geschäftsvisa) oder ein Beglaubigungsschreiben eines japanischen Bürgers und eine Heiratsurkunde (für ausländischen Ehepartner). Solche Schreiben müssen enthalten: die Position des Antragstellers in der Firma, den Grund des Aufenthalts in Japan, die beabsichtigte Länge des Aufenthalts, Namen und Adressen von Kontaktpersonen in Japan sowie einen Bürgschaftsbrief der Firma bzw. eines japanischen Bürgers, für den Antragsteller finanziell aufzukommen und seinen Rückflug zu garantieren. Außerdem bei einem Geschäftsvisum die neueste Steuererklärung des Arbeitgebers. Genaue Auskunft erteilt Ihnen jede japanische Botschaft.

2. Was ist zu beachten beim Umzug bzw. bei der Einreise nach Japan?

I. Einfuhr von Gütern

Umzugsgut einschließlich eines Kraftfahrzeugs kann von Deutschen innerhalb von 6 Monaten nach der Einreise zollfrei eingeführt werden, wenn folgende Voraussetzungen erfüllt sind:
a. Das Umzugsgut muß zum Zeitpunkt der Einreise schon Eigentum des Betreffenden, also gebraucht sein.
b. Die geplante Einfuhr muß bei der Einreise auf einem schon im Flugzeug verteilten besonderen Formblatt für unbegleitetes Gepäck deklariert werden. Dabei spielt es keine Rolle, auf welche Weise das Umzugsgut zum Versand kommt (z.B. Seeweg/Luftfracht).

Wenn Sie in Japan Ihren Wohnsitz haben, dürfen Sie pro Erwachsenen folgende Güter bei Ihrer Einreise zollfrei importieren:
3 Flaschen alkoholische Getränke, 200 Zigaretten oder 50 Zigarren oder 250g Tabak, 2 Unzen Parfüm. Außerdem Waren im Wert bis zu 200 000 ¥.

Falls Sie spezielle Fragen haben, wenden Sie sich bitte an das Hauptzollamt in Tokyo:

Tokyo Zeikan (Plan S. 36/2)
Tokyo, Chiyoda-Ku, Ōtemachi 2-3-3,
☎ 241-6652

II. Befreiung von der Mehrwertsteuer in der BRD

Lieferungen (z.B. Möbel und KFZ) sind von der Mehrwertsteuer befreit, wenn es sich um Ausfuhrlieferungen handelt. Eine Ausfuhrlieferung liegt vor, wenn jede der folgenden Voraussetzungen erfüllt sind:
a. Der Abnehmer der Lieferung muß zum **Zeitpunkt der Lieferung** seinen **Wohnort im Ausland** gehabt haben.
b. Der gelieferte Gegenstand muß ins Ausland gelangt sein.
c. Die Ausfuhr muß nachgewiesen sein.

Für einen Deutschen, der von seinem Arbeitgeber ins Ausland versetzt wird, heißt das, daß er Gegenstände anläßlich eines Umzugs so bestellen muß, daß sie erst nach Gründung eines Wohnsitzes im Ausland geliefert werden.

Wenn Sie von Einkäufen, die Sie in Deutschland getätigt haben, die Mehrwertsteuer zurückerstattet bekommen möchten, lassen Sie sich eine Rechnung dafür ausstellen (Kassenzettel genügt nicht). Manche Geschäfte haben schon fertige Ausfuhrformulare. Mit den Rechnungen **und den Gütern**, für die Sie die Mehrwertsteuer erstattet haben möchten, gehen Sie vor dem Abflug aus Deutschland zum Flughafenzoll und lassen sich einen Ausfuhrstempel geben. Dazu ist es nötig, daß Ihr Wohnort in Japan im Paß eingetragen ist. Nach Ihrer Wiedereinreise in Japan schicken Sie die vom Zoll abgestempelten Quittungen an die entsprechende Geschäfte zurück, die dann den Mehrwertsteuerbetrag auf Ihr Konto in Deutschland überweisen.

III. Transport und Einfuhr von Tieren

Grundsätzlich bestehen keine Transportbeschränkungen. Tiere werden im Frachtraum in speziellen Käfigen transportiert, die man bei der Fluggesellschaft kaufen muß. Auf Anfrage besteht manchmal die Möglichkeit, Kleintiere bis 5 kg mit in der Kabine zu befördern. Die Bedingungen

für den Transport an Bord sind jedoch bei den Luftfahrtgesellschaften verschieden.
Für die **Einfuhr eines Hundes** benötigen Sie:
a. ein amtliches Gesundheitszeugnis
b. ein gültiges Impfzeugnis im Original über: eine Tollwutimpfung, die nicht älter als 150 Tage ist und nicht jünger als 30 Tage, eine Impfung gegen Staupe und Hepatitis.

Im Impfzeugnis müssen Datum der Impfung und Impfsorte genau angegeben werden. Wenn Sie alle diese Unterlagen besitzen, beträgt die Quarantänezeit für Ihren Hund 14 Tage. Haben Sie kein Gesundheits- oder Impfzeugnis, kann die Quarantänezeit bis zu 180 Tagen dauern. Für die Kosten der Quarantäne, ca. 2500 ¥ pro Tag, müssen Sie aufkommen.

Für die Einfuhr einer Katze brauchen Sie nur ein Gesundheitszeugnis. Eine Quarantäne ist nicht nötig.

Die Einfuhr von wilden Tieren ist verboten.

IV. Einfuhrverbote

Die Einfuhr folgender Dinge ist gesetzlich verboten:
a. Rauschgift und ähnliche Betäubungs- bzw. Aufputschmittel sowie Utensilien zu deren Gebrauch.
b. Falschgeld
c. pornographische Bücher, Zeitschriften, Bilder, Schnitzereien, Videos usw.
d. Pistolen, Revolver und jegliche Munition. Für die Einfuhr von Jagdgewehren, Schwertern und anderen Waffen benötigen Sie eine spezielle Genehmigung.

V. Anmeldung beim Ward-Office (Einwohnermeldeamt/Bezirksverwaltung)

Jeder, der nach Japan einreist und ein Visum besitzt, das länger als 3 Monate gültig ist, muß sich innerhalb von 14 Tagen nach der Einreise beim zuständigen Ward-Office anmelden und bekommt ein Certificate of Alien Registration. Zur Anmeldung müssen Sie Ihren Paß und 2 Paßfotos mitbringen. Jeder Wohnortwechsel und auch jede Änderung in Ihrem Paß, sei es eine Statusänderung des Visums, eine Verlängerung der Aufenthaltserlaubnis und anderes muß innerhalb von 14 Tagen dem Ward-Office gemeldet werden.

Ward Offices in Tokyo

Adachi-Ku 足立区役所
Tokyo, Senju 1-4-18, ☎ 882-1111

Arakawa-Ku 荒川区役所
Tokyo, Arakawa 2-2-3, ☎ 802-3111

Bunkyô-Ku 文京区役所
Tokyo, Kasuga 1-16-21, ☎ 812-7111

Chiyoda-Ku 千代田区役所
Tokyo, Kudan-Minami 1-6-11, ☎ 264-0151

Chûô-Ku 中央区役所
Tokyo, Tsukiji 1-1-1, ☎ 543-0211

Edogawa-Ku 江戸川区役所
Tokyo, Chûô 1-4-1, ☎ 652-1151

Itabashi-Ku 板橋区役所
Tokyo, Itabashi 2-66-1, ☎ 964-1111

Katsushika-Ku 葛飾区役所
Tokyo, Tate Ishi 5-13-1, ☎ 695-1111

Kita-Ku 北区役所
Tokyo, Ôjihon-Chô 1-15-22, ☎ 908-1111

Vor oder sofort nach der Einreise zu Beachtendes

Verwaltungsbezirke von Tokyo

26 shi: Großstädte
7 machi: Städte
8 mura: kleinere Städte
23 ku: Bezirksverwaltung

Mit freundlicher Genehmigung
des Japan Times Ltd. Verlages

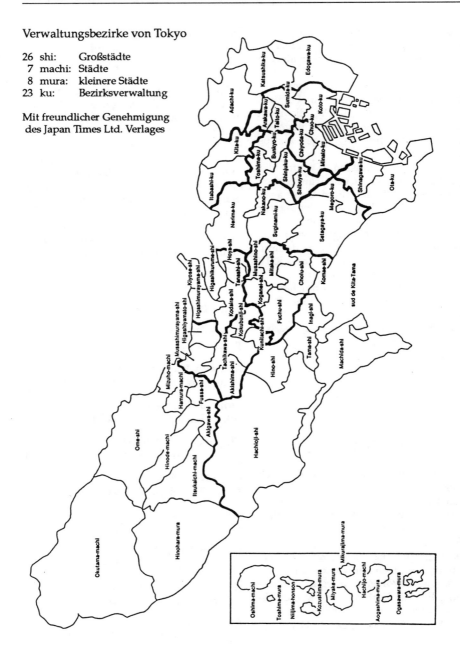

Kôtô-Ku 江東区役所
Tokyo, Tôyô 4-11-28, ☎ 647-9111

Meguro-Ku 目黒区役所
Tokyo, Chûô-Chô 2-4-5, ☎ 715-1111

Minato-Ku 港区役所
Tokyo, Shiba Kôen 1-5-25, ☎ 578-2111

Nakano-Ku 中野区役所
Tokyo, Nakano 4-8-1, ☎ 389-1111

Nerima-Ku 練馬区役所
Tokyo, Toyotama-Kita 6-12, ☎ 993-1111

Ôta-Ku 大田区役所
Tokyo, Chûô 2-10-1, ☎ 773-5111

Setagaya-Ku 世田谷区役所
Tokyo, Setagaya 4-21-27, ☎ 412-1111

Shibuya-Ku 渋谷区役所
Tokyo, Udagawa-Chô 1-1, ☎ 463-1211

Shinagawa-Ku 品川区役所
Tokyo, Hiro Machi 2-1-36, ☎ 777-1111

Shinjuku-Ku 新宿区役所
Tokyo, Kabuki-Chô 1-4-1, ☎ 209-1111

Suginami-Ku 杉並区役所
Tokyo, Asagaya-Minami 1-15-1,
☎ 312-2111

Sumida-Ku 墨田区役所
Tokyo, Yokoami 1-6-1, ☎ 626-3151

Taitô-Ku 台東区役所
Tokyo, Higashi Ueno 4-5-6, ☎ 842-5311

Toshima-Ku 豊島区役所
Higashi Ikebukuro 1-18-1, ☎ 981-1111

Yokohama Einwohnermeldeamt / Naka-Kuyakusho
Yokohama, Naka-Ku, Nihon Ôdori 35,
☎ (045) 651-1212

VI. Anmeldung bei der Deutschen Botschaft

Für im Ausland lebende Deutsche besteht keine Meldepflicht. Die Botschaft empfiehlt jedoch, eine Meldekarte auszufüllen, da sie dadurch imstande ist, im Falle eines Notstandes rechtzeitig zu informieren oder z.B. bei Verlust des Passes schneller Ersatz zu beschaffen.
Wenn Sie den Vorteil der Mehrwertsteuerrückerstattung in Anspruch nehmen möchten, ist es nötig, Ihren Wohnort umschreiben zu lassen. Die Adresse lautet:

Botschaft der Bundesrepublik Deutschland (Plan S. 14/1)
106 Tokyo, Minato-Ku, Minami Azabu 4-5-10, ☎ 473-0151

VII. Ummeldung des Führerscheins

Wenn Sie in Japan selbst Auto fahren möchten und Ihren Wohnsitz in Japan haben, brauchen Sie einen japanischen Führerschein. Einen Führerschein in Japan zu machen, ist nicht einfach, da neben der praktischen Prüfung auch ein schriftlicher Test in japanischer Sprache abzulegen ist. Wenn Sie jedoch einen deutschen Führerschein, der mindestens 3 Monate alt sein muß, besitzten, können Sie ihn ohne weiteres in einen japanischen umändern lassen. Sie benötigen dazu Ihren deutschen Führerschein, Ihr Certificate of Alien Registration und 2 Paßfotos (3cm x 2,4cm), die Sie in der richtigen Größe gleich in der Nähe der Füherscheinstelle anfertigen lassen können. Die gleichen Geschäfte füllen Ihnen auch die Formulare für die Ummeldung aus. Nachdem Sie die Formulare abgegeben, einen Sehtest bestanden und die Gebühr von ca. 3000 ¥

Vor oder sofort nach der Einreise zu Beachtendes

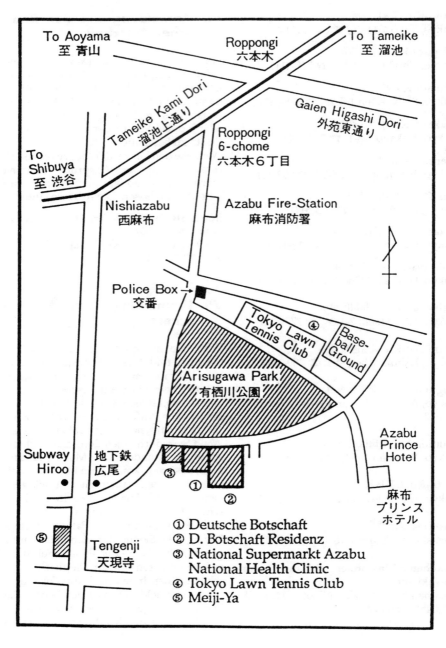

bezahlt haben, können Sie entweder 2-3 Stunden auf Ihren neuen Führerschein warten oder ihn sich nach Bezahlung einer Gebühr nach Hause schicken lassen.
Ein japanischer Führerschein ist bis zum 2. Geburtstag nach dem Ausstellungsdatum gültig. Ein neuer muß innerhalb eines Monats vor Auslaufen des Gültigkeitsdatums beantragt werden.
Mit Ihrem japanischen Führerschein und Ihrem Paß können Sie auch einen internationalen Führerschein beantragen, der jedoch nur ein Jahr gültig ist.

Führerscheinstellen im Tokyo-Gebiet:

Samezu Unten Menkyo Shiken-Jô
Tokyo, Shinagawa-Ku, Higashi Ôi 1-12-5,
☎ 474-1374

Fuchû Unten Menkyo Shiken-Jô
Tokyo, Fuchû-Shi, Tamamaki 3-1-1,
☎ (0423) 62-3591

Kôtô Unten Menkyo Shiken-Jô
Tokyo, Kôtô-Ku, Shinsuna 1-7, ☎ 699-1151
Die Öffnungszeiten sind: 8.30 Uhr – 11.30 Uhr und 13.00 Uhr – 14.30 Uhr.
Wenn Sie am gleichen Tag noch Ihren Führerschein erhalten möchten, müssen Sie bis spätestens 11.00 Uhr die Formalitäten erledigt haben.

Yokohama Shiken-Jô
(Führerscheinstelle Yokohama)
Yokohama-Shi, Asahi-Ku, Nakao-Chô 55,
☎ (045) 365-3111

VIII. Wiedereinreise nach Japan

Wenn Sie vorhaben, aus Japan aus- und wieder einzureisen, bevor Ihre Aufenthaltserlaubnis abgelaufen ist, müssen Sie vor Ihrer Ausreise bei der zuständigen Einwanderungsbehörde einen Antrag für Re-entry stellen. Dazu benötigen Sie nur Ihren Reisepaß mit dem eingetragenen Visum und ein Antragsformular, das Sie direkt an Ort und Stelle bekommen. Die derzeitigen Kosten für ein Re-entry betragen 3000 ¥ für eine einzige Ausreise und 6000 ¥ für mehrfaches Ausreisen. Im allgemeinen gilt das Re-entry 1 Jahr bzw. bis zum Gültigkeitsdatum Ihrer Aufenthaltserlaubnis. Bei Ihrer Ausreise müssen Sie sowohl Ihren deutschen Reisepaß als auch das Certificate of Alien Registration vorzeigen.

Tokyo Regional Immigration Office

Vor oder sofort nach der Einreise zu Beachtendes

Adressen der Einwanderungsbehörde:

Tokyo Regional Immigration Office
(Plan S. 15)
First Ôtemachi Common Government Office Building, 100 Tokyo, Chiyoda-Ku, Ôtemachi 1-3-1, ☎ 213-8111

Narita District Immigration Office
Passenger Terminal Bldg., 286-11 Chiba-Ken, Narita-Shi, 1-1, Aza Goryô Bokujô, Sanrizuka, ☎ (0476) 32-6771/2 (Central Terminal)

Yokohama District Immigration Office Bureau
231 Yokohama-Shi, Naka-Ku, Yamashita-Chô 37-9, ☎ (045) 681-6801/4

Urawa Immigration Branch Office
5F Urawa Chihô Chôsa Bldg., 5-6-5 Kita Urawa, Urawa-Shi
Genaue Auskünfte über das Urawa Immigration Office erteilt das Tokyo Regional Immigration Office. (Plan siehe unten)

3. Einige Ratschläge von Alt-Eingesessenen

I. Einrichtung / Hausrat
(Geschäfte S. 71ff)

Bei folgenden Dingen sollten Sie sich überlegen, ob Sie sie mitbringen: **Klaviere** leiden eventuell unter der Feuchtigkeit oder den Temperaturschwankungen. Deutsche **Deckenlampen** sind oft recht schwer und halten nicht an den Decken. Davon abgesehen sind in den meisten Häusern Deckenlampen installiert. Hohe, große, schwere **Schränke** passen nicht wegen der Deckenhöhe, außerdem haben die meisten japanischen Häuser Einbauschränke. Große, schwere **Spiegel, Bilder und Hängeregale** halten nicht an den Wänden. **Antike Möbel** können unter der Trockenheit im Winter leiden.
Falls Sie keine Möbel mitbringen möchten, können Sie entweder hier welche kaufen oder leihen. Importierte Möbel sind sehr teuer. Japanische Möbel sind für Ausländer mitunter etwas niedrig. Auch hier ist es möglich, Möbel vom Tischler anfertigen zu lassen.

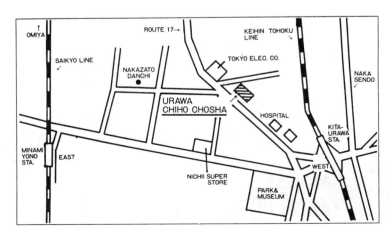

Einige Ratschläge von Alt-Eingesessenen

Pal-Fernseher sind hier nicht zu benutzen, da in Japan das NTSC-System eingeführt ist. Will man beide Systeme (PAL und NTSC) auf den gleichen Rekordern abspielen, so muß man sich einen „Multisystem" Rekorder und einen „Multisystem" Fernseher anschaffen.
Zu den deutschen **Elektrogeräten** im allgemeinen ist zu sagen, daß man alle Geräte mit Transformator betreiben kann. Transformatoren kosten je nach Wattzahl 4000–30 000 ¥. Reparaturen an deutschen Geräten sind auch hier möglich.

Folgende Firmen bieten einen Verkauf und Kundendienst an:

AEG Home Appliance Japan
162 Tokyo, Shinjuku-Ku, Yochô Machi 10-10, Sumitomo Seimei Shinjuku Yochô Machi Bldg. 1 F,
☎ 359-2331

Bauknecht (vertreten durch Sôkô Engineering CO. Ltd.)
335 Saitama-Ken, Toda-Shi, 3577-1 Bijogi,
☎ (0484) 21-1079

Bosch/Junkers (Robert Bosch Japan Ltd.)
Verkauf: Herr Becker, 108 Tokyo, Minato-Ku, Bosch Bldg., Shiba 4-10-5, ☎ 457-9404

Siemens K.K.
141 Tokyo, Shinagawa-Ku, Nishi Gotanda 2-11-12, Gotanda Fujikura Bldg.,
☎ 490-2171
Reparaturen und Ersatzteilbeschaffung nur in Notfällen. Kein Verkauf.

II. Wäsche und Kleidung
(Geschäfte S. 68ff)

Generell ist zu sagen, daß es schwierig ist, **Damenbekleidung** größer als Größe 38, und **Herrenbekleidung** größer als Größe 5 zu kaufen.
Bei LL-Größen hat man oft das Problem, daß sie sehr teuer sind, mitunter nicht sehr schick, die Ärmel zu kurz und die Taille zu hoch.
Schuhe für Damen ab Größe 38 und **Herren** ab Größe 42 sind erhältlich, jedoch noch immer relativ teuer, und die Auswahl ist gering.
Kinderkleidung gibt es zu guten Preisen in jedem Kaufhaus und in Kinderboutiquen. Schwierig zu bekommen sind **Kinderschuhe** aus Leder, Schuhe mit Fußbett, Kinderwanderstiefel, Skistiefel, schicke Jugendschuhe ab Größe 38/40 besonders für Mädchen.

_____ **Anmerkung zur Kleidung** _____

Wegen der hohen Luftfeuchtigkeit im Sommer ist Kleidung aus Naturfasern angebracht. Die Winter in Tokyo können mitunter recht kühl sein, so empfiehlt sich die in Deutschland übliche Winterkleidung. Pelzmäntel sollten Sie nach der Wintersaison von Reinigungsfachgeschäften aufbewahren lassen, da sie im Sommer stark dem Schimmelbefall ausgesetzt sind.

III. Babyausstattung / Säuglingspflege / Kinderspielzeug
(Geschäfte S. 71ff)

Jedes Kaufhaus bietet eine gute Auswahl an Babywäsche und Pflegemitteln. Auch Wickelkommoden, Kinderwagen und Kinderbetten sind zu bekommen, allerdings, besonders wenn es sich um Importwaren handelt, relativ teuer. Milchpulver, Gläschenkost, Kinderkekse und Papierwindeln gibt es in allen Drogerien oder in den entsprechenden Abteilungen der Kaufhäuser. Für die Übergangszeit ist es jedoch ratsam, die gewohnte Kost in kleinen Mengen mitzubringen.

Vor oder sofort nach der Einreise zu Beachtendes

Folgende Nahrungsmittel sollten Sie mitbringen:
Biomalz, Milchzucker, Kindertee, Fertiggrießbrei.
Kinderspielzeug, auch deutsches wie Lego, Playmobil, Baufix, Märklin, Ravensburger Spiele, Holzbauklötze sind zwar immer noch recht teuer, aber inzwischen hier erhältlich.

IV. Hausapotheke
(Apotheken S. 57)

Bringen Sie Ihre normale Hausapotheke mit. Medikamente, die Sie täglich einnehmen müssen, sollten in ausreichender Menge vorhanden sein, bis man eine Alternative gefunden hat. Mitunter können Ihnen auch die Hersteller in Deutschland die Adresse des hiesigen Vertriebes und den Namen des Produktes in Japan nennen.
Im akuten Krankheitsfall erhalten Sie die nötigen Medikamente hier beim Arzt. Mitgebrachte Medikamente sollten wegen der hohen Luftfeuchtigkeit im Sommer vakuumverpackt sein und im Kühlschrank gelagert werden.
Falls bei Kleinkindern noch Impfungen nötig sind, sollten Sie den Impfstoff mitbringen (die Zusammensetzung des Impfstoffs ist hier anders) und hier nachimpfen lassen.

Folgendes sollten Sie mitbringen:
Antibabypillen (sind hier für Ausländer in der Apotheke frei verkäuflich, jedoch eventuell nicht Ihre Marke), Dextropur/Dextroenergen, Kohlekompretten, Reinigungsbrause für Zahnspangen und Zahnersatz, Zäpfchen gegen Fieber, Schmerzen, Erbrechen, Grippe (dem Alter entsprechend).

V. Kosmetik/Drogerie/Waschpulver

Folgende Dinge sind hier schwer bzw. nur mit japanischer Gebrauchsanweisung zu bekommen:
Farbe- bzw. Einfärbemittel für Wäsche, Fleckenmittel, Appretur für leichte und empfindliche Stoffe, Gardinenpflegemittel, große Besen mit langem Stiel, Bratschutz, Bratfolie, Lederseife für Ledersofas als Schaum, gute Fettcreme. Haarfärbemittel und Tönungen gibt es selten für helles Haar, ebenso Haarklammern. Nachfettende Badezusätze und Duschgel sind in geringer Auswahl und sehr teuer erhältlich. Es empfiehlt sich, wenigstens für den Anfang, die gewohnten Kosmetika mitzubringen.

Deutsches Waschpulver „TAXAT" kann man bei der Firma Henkel Hakusui bestellen. Die Lieferzeit beträgt etwa 3 Tage. Ein Sack mit 20 kg kostet ca. 7 500 ¥ plus Lieferkosten; bei Sammelbestellungen günstiger.

Henkel Hakusui
Tokyo, Chûô-Ku, Nihonbashi Honchô 3-8-3, Tôshô Bldg., ☎ 664-2555

VI. Lebensmittel
(Geschäfte S. 61ff)

Sie können hier fast alle gewohnten Lebensmittel bekommen, allerdings zu erhöhten Preisen.

Die im folgenden aufgeführten Lebensmittel sind nur schwierig oder gar nicht zu kaufen:
Backoblaten, Hirschhornsalz, Kardamon, Vanillesaucenpulver, Puddingpulver, Traubenzucker, Eukalyptusbonbons, Zukkerhüte für Feuerzangenbowle, Rübenkraut, Salmiakpastillen, Lakritz, Brause, Instant-Kartoffelgerichte, Vanillezucker.

VII. Bücher / Schul- und Lehrmaterial
(Geschäfte S. 74)

Generell ist zu sagen, daß Lehrbücher und Schreibhefte, die die Kinder in der Deutschen Schule benötigen, über die Schule bezogen werden können, ansonsten über die Adressen, die unter „Buchhandlungen" angegeben sind.

Schwer oder gar nicht zu bekommen sind:
Schulfüller und Patronen für die jeweils entsprechenden Altersstufen, Schulfüller für Linkshänder, Heftumschläge für DIN A4 und DIN A5, deutsche Wasserfarbkästen, Tintenkiller, deutsche Federmäppchen, deutsche Schulranzen.

VIII. Geschenke

Geschenke für Japaner

Im folgenden finden Sie einige Anregungen dafür, was man alles an Geschenken mit nach Japan bringen kann. Viele dieser Dinge sind hier kaum oder nur sehr teuer zu kaufen. Es ist wichtig, daß die Geschenke originalverpackt sind.

Silberlöffel mit Monogramm, Artikel aus Solingen, Besteck-Sets, Taschenmesser, Lederetuis deutscher Firmen, Bierkrüge mit deutschen Sprüchen, Artikel von 4711, Schallplatten (klassische Musik, Chöre, Volkslieder), Bildbände über Deutschland (ev. in Engl.), deutscher Wein, französischer Cognac, Whisky, Spitzentaschentücher, Glas-, Kristall- und Porzellanartikel (wichtig: mit Markenetikett!), Römertöpfe mit Kochbuch, Stiche von deutschen Städten, Pralinen, Steifftiere (mit Knopf im Ohr), Scherenschnitte, Kuckucksuhren, Erzgebirgsartikel.

Geschenke für Freunde und Verwandte in Deutschland können Sie kaufen bei:

Folk Kraft Shop Bingoya
Tokyo, Shinjuku-Ku, Wakamatsu-Chô 10-6, ☎ 202-8778 / 202-8561

Washikôbô
Geschenke aus jap. Reispapier, Tokyo, Minato-Ku, Nishi Azabu 1-8-10,
☎ 405-1841

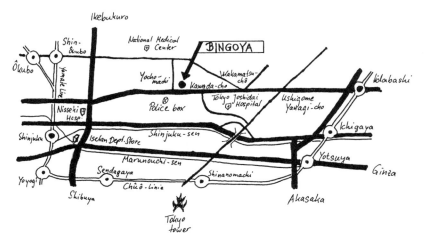

Vor oder sofort nach der Einreise zu Beachtendes

Oriental Basar
Tokyo, Shibuya-Ku, Jingûmae 5-9-13,
☎ 400-3933

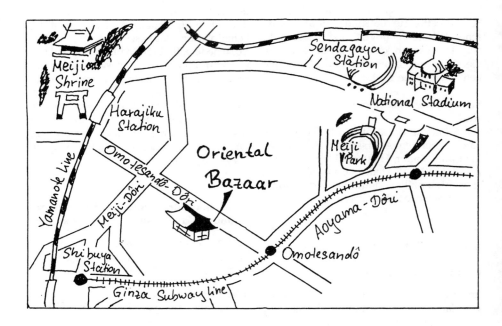

(B) Wichtige Informationen

Tokyo/Yokohama:
Polizei 110
Feuer 119
Krankenwagen 119
Yamate Polizei/Yokohama (045) 622-8214

1. Botschaften und Ländervertretungen

Botschaft der Bundesrepublik Deutschland (Plan S. 14/1)
106 Tokyo, Minato-Ku, Minami Azabu 4-5-10, ☎ 473-0151
(Siehe auch dazu Punkt VI / Allgemeines)

Schweizer Botschaft
106-91 Tokyo, Minato-Ku, Minami Azabu 5-9-12, ☎ 473-0121, Azabu P.O. Box 38, Minato 106-91

Österreichische Botschaft
106 Tokyo, Minato-Ku, Moto Azabu 1-1-20, ☎ 451-8281
(„Verein der Österreicher in Japan" über Öster. Botschaft)

Botschaft der DDR
Tokyo, Minato-Ku, Akasaka 7-5, ☎ 585-5404

Vertretungen deutscher Bundesländer

Baden-Württemberg	☎ 475-5333
Berlin	☎ 402-5471
Bremen	☎ 431-8012
Hamburg	☎ 443-6321
Niedersachsen	☎ 348-2405
Nordrhein-Westfalen	☎ 213-2538
Schleswig-Holstein	☎ 587-1031

2. Schulen/ Kindergärten/ Spielgruppen (Plan S. 22)

I. Schulen

Deutsche Schule Tokyo (DST)
143 Tokyo, Ôta-Ku, Sannô 2-39-23,
☎ 771-5057 / 772-7474

1. Allgemeines
Die Deutsche Schule Tokyo ist ein vollausgebautes zweizügiges Gymnasium mit differenzierter Oberstufe und Haupt- und Realschulabschluß. Dem Gymnasium sind vier in der Regel zweizügige Grundschulklassen und drei Kindergartengruppen angeschlossen. Die Lehrpläne entsprechen denen eines deutschen Gymnasiums bzw. einer deutschen Grundschule. Erste Fremdsprache (ab Kl. 5) ist Englisch, zweite Fremdsprache (ab Kl. 7) ist entweder Japanisch oder Französisch, Latein (ab Kl. 9) ist dritte Fremdsprache. Somit ist der Anschluß an innerdeutsche Schulen mit entsprechender Sprachenfolge gewährleistet.
Die differenzierte Oberstufe (Stufen 11-13) richtet sich nach den „Grundsätzen" der Kultusministerkonferenz der Länder in der Bundesrepublik Deutschland und lehnt sich an das rheinland-pfälzische Modell („Mainzer Studienstufe") an.
Da die DST eine **deutschsprachige Auslandsschule** ist, werden in der Regel nur Kinder mit guten Deutschkenntnissen aufgenommen. Die Unterrichtssprache ist Deutsch.

2. Lehrkräfte: 42

3. Schulträger:
Stiftung Deutsche Schule Tokyo

4. Unterrichtsjahr:
Beginn: in der 1. oder 2. Septemberwoche
Ende: Ende Juni

Wichtige Informationen

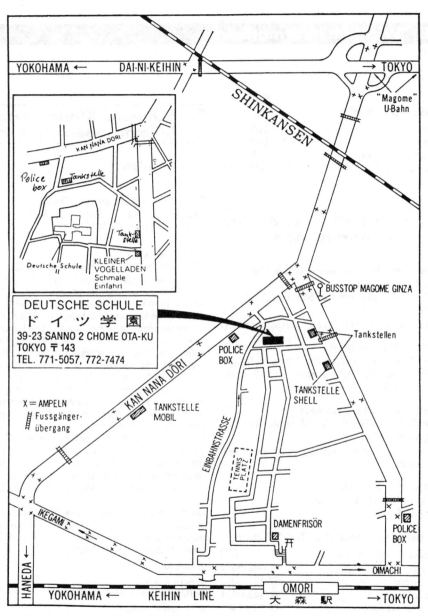

Karte: Deutsche Schule Tokyo (DST)

5. **Ferien:**
Sommer: Juli/August
Herbst: 1 Woche
Weihnachten: 2 Wochen
Ostern: 1 Woche
Goldene Woche: Anfang Mai

6. **Gebührentabelle:**
bitte vom Sekretariat der Schule anfordern

7. **Schulbusrouten:**
bitte vom Sekretrariat der Schule anfordern

Weitere Informationen entnehmen Sie bitte dem Jahresbericht, den Sie durch das Sekretariat der DST bestellen können. Preis z.Z.: ¥ 1 500.

The American School in Japan
182 Tokyo, Chôfu-Shi, Nomizu 1-1-1,
☎ (0422) 31-6351/5

International School of the Sacred Heart
(Mädchenschule)
150 Tokyo, Shibuya-Ku, Hiroo 4-3-1,
☎ 400-3951/2

Seisen International School
(Mädchenschule)
158 Tokyo, Setagaya-Ku, Yôga 1-12-15,
☎ 704-2661/4

St. Joseph International School
Yokohama, Naka-Ku, Yamate-Chô 85,
☎ (045) 641-0065
Gemischt von Kindergarten bis Klasse 6, ab Klasse 7 Jungenschule.

St. Mary's International School
(Jungenschule)
158 Tokyo, Setagaya-Ku, Seta 1-6-19,
☎ 709-3411

St. Maur International School
Yokohama, Naka-Ku, Yamate-Chô 83,
☎ (045) 641-5751
Von Montessori-Kindergarten bis 7. Klasse gemischt, ab 8. Klasse Mädchenschule

Yokohama International School
Yokohama, Naka-Ku, Yamate-Chô 258,
☎ (045) 622-0084
Gemischte Schule, Kindergarten angeschlossen.

II. Kindergärten

Gregg International Kindergarten
☎ 725-6495

Deutsche Schule Tokyo
Der DST ist ein Kindergarten angeschlossen.

III. Spielgruppen

Deutschsprachige Spielgruppe
Frau Kappes, ☎ 405-0067

Deutschsprachige Spielgruppen
an der Deutschen Schule; Kontaktpersonen sind zu erfragen über das Sekretariat
☎ 771-5057

3. Kirchen und soziale Einrichtungen

Evangelische Gemeinde deutscher Sprache (Plan S. 24)
Tokyo – Yokohama – Kreuzkirche
141 Tokyo, Shinagawa-Ku, Kita Shinagawa 6-5-26, ☎ 441-0673

... daß Tokyo eine der größten und geschäftigsten Städte der Welt ist, haben Sie sicherlich schon festgestellt. In all der Hektik des Berufslebens, verbunden mit den vielfältigen Unsicherheiten, denen gerade ein „Neubürger" dieser Stadt ausgesetzt sein kann, ist es vielleicht doch ganz gut zu wissen, daß auch hier die Möglichkeit besteht, zur Besinnung zu kommen, zum Nachdenken, aber auch zum „Auftanken" für die vor einem liegende Zeit.

Wichtige Informationen

KREUZKIRCHE
ドイツ語福音教会

SHINAGAWA-KU, KITA-SHINAGAWA
6-CHOME, 5-26
TEL. 441-0 6 7 3
東京都品川区北品川6丁目5-26
電　話　(441) 0 6 7 3

GOTANDA STATION
五反田駅
U Bahnstation

KREUZKIRCHE
ドイツ語福音教会
und Pfarrhaus
SCHMALER WEG BERGAUF
KLEINE OFFENE SPEDITION
西濃運輸
SHELL TANKSTELLE
シエルガソリンスタンド
SONY WERK
ソニー本社

vom Shinagawa Bahnhof Ca. 800 m
vom Gotanda Bahnhof Ca. 700 m
品川駅より約800メートル
五反田駅より約700メートル

CALTEX TANKSTELLE
五反田給油所

OSAKI STATION
大崎駅

YAMATE BAHN
山手線

SHINAGAWA STATION
品川駅

Seit mehr als 100 Jahren gibt es in Tokyo eine evangelische Gemeinde deutscher Sprache, deren Mitglieder zum größten Teil aus dem deutschsprachigen Raum kommen. Ein „fast" normales Gemeindeleben mit Gottesdiensten, Andachten, Konfirmandenunterricht, Kreisen für Jugendliche und Erwachsene, Gesprächsabenden und Freizeiten prägt die Gemeinde, die sich durch Mitgliedsbeiträge und durch einen Zuschuß der evangelischen Kirche in Deutschland finanziert.

Wir würden uns sehr freuen, wenn wir auch Sie als neues Mitglied in der Gemeinde begrüßen könnten. Kommen Sie doch einmal zum Gottesdienst vorbei, der jeden Sonntag (bis auf den Monat August) um 10.30 Uhr in der Kreuzkirche gehalten wird. Zur gleichen Zeit ist auch Kindergottesdienst. Im Anschluß an den Gottesdienst laden wir zu einer Tasse Kaffee ins Pfarrhaus ein, wo Sie sich dann gerne weiter informieren können.

Jeden Montag um 19.30 Uhr probt auch die Kantorei, ein überkonfessioneller Chor, der seit mehr als 30 Jahren besteht. Nur in der Ferienzeit der Deutschen Schule fallen die Proben in der Kreuzkirche aus.

Für die evang. Gemeinde: *P. Bernhard Isermeyer*

Katholische Deutsche Gemeinde „St. Michael" Tokyo (Plan S. 25)
Kirche
153 Tokyo, Meguro-Ku, Nakameguro 3-18-17, ☎ 774-9443 (712-0775)
Pfarramt und Gemeindehaus
143 Tokyo, Ôta-Ku, Sannô 1-14-5, Sannô-House B, ☎ 774-9443

Die katholische deutschsprachige Gemeinde St. Michael, Tokyo, gehört zu den ca. 150 Auslandsgemeinden, die von der Deutschen Bischofskonferenz (Kathol. Auslandssekretariat, Bonn) unterstützt werden. Sie kann auf über 25 erlebnisreiche Jahre zurückblicken. Jeden Sonntag um 10.00 Uhr wird in Nakameguro die Eucharistie gefeiert. Hören Sie auf das Wort des Alten und Neuen Testamentes, besinnen Sie sich auf den göttlichen Ursprung unseres Lebens, und vielleicht kann Ihnen der Gottesdienst Hilfen bei der Orientierung Ihres Lebens geben. Nach den Sonntagsgottesdiensten besteht im Schwesternhaus die Möglichkeit, mit Mitgliedern der Pfarrgemeinde in Kontakt zu kommen. Das Kennenlernen und der daraus vielleicht wachsende Zusammenhalt hat schon vielen Menschen, die neu in diese Millionenme-

Kirchen und soziale Einrichtungen

tropole kamen, Hilfe und ein Stück Heimat vermitteln können.
In jedem Jahr ab November wird Kommunionsunterricht und alle zwei bis drei Jahre Firmunterricht angeboten. Darüberhinaus besteht für Kinder und Jugendliche wöchentlich die Möglichkeit, sich im Gemeindehaus zu Gruppenstunden und offenen Gesprächskreisen zu treffen.
Immer wieder werden im Lauf des Jahres gemeinsame Veranstaltungen mit der evangelischen Gemeinde, der Kreuzkirche, durchgeführt.

Alle näheren Informationen können Sie dem monatlich erscheinenden „Gemeindebrief" entnehmen. Er informiert über alle großen und kleinen Ereignisse und Feste, die im Laufe eines Jahres stattfinden.
Allen „Neuankömmlingen" wünschen wir eine gute Eingewöhnungszeit und hoffen, daß wir Sie auch einmal in unserer Kirchengemeinde kennenlernen dürfen.
Für die katholische Kirchengemeinde
P. Heinz Hamm SJ (Pfarrer), *Hartmut von Ehr* (Pastoralreferent)

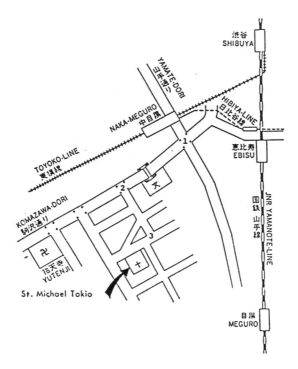

Christ Church (Anglikanisch)
Yokohama, Naka-Ku, Yamata-Chô 234,
☎ (045) 621-1685

Deutsche Seemannsmission
Yokohama, Naka-Ku, Yamashita-Chô 194-3, ☎ (045) 662-1878

Jüdische Gemeinde Japan
150 Tokyo, Shibuya-Ku, Hiroo 3-8-8,
☎ 400-2559

Sacred Heart (Katholische Kirche)
Yokohama, Naka-Ku, Yamate-Chô 44,
☎ (045) 641-0735

Wichtige Informationen

Tokyo Baptist Church (engl.)
Tokyo, Shibuya-Ku, Hachiyama-Chô 9-2,
☎ 461-8425
Die Tokyo Baptist Church veranstaltet u.a. Kurse in verschiedenen jap. Künsten.

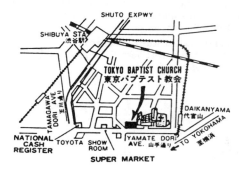

Lebenshilfen

Alcoholics Anonymous
c/o St. Alban's Church, 105 Tokyo, Minato-Ku, Shiba Kôen 3-6-18, ☎ 431-8534

Amnesty International
160 Tokyo, Shinjuku-ku, Nishi Waseda 2-3-22, ☎ 203-1050
oder über
Frau Brigitta Dallwig-Yajima, 165 Tokyo, Nakano-Ku, Nogata 4-29-3, ☎ 387-4555 (engl. sprach. Sektion)
Frau Yokoi, ☎ 216-5031 (deutschsprach. Sektion)
Internationale, politisch unabhängige Menschenrechtsbewegung, deren Arbeit sich konzentriert auf:
O Freilassung von Gefangenen, die wegen ihrer Überzeugung, Farbe, Geschlecht, Rassenherkunft, Sprache oder Religion im Gefängnis sind, ohne Gewalt angewandt zu haben.
O faire und sofortige Gerichtsverfahren politischer Gefangener,
O gegen Todesstrafe und Folter aller Gefangenen.

Counselling International
☎ 408-0496 (engl./jap.)
Psychotherapie/Beratung, Terminvereinbarung: Di Mi Do 10.00–13.00 Uhr

Frauenhaus
(rein japanisch mit deutscher Heimleitung)
über Frau Doris Grohs, ☎ 322-2721

Green Peace / Friends of the Earth / Rain Forest Network
150 Tokyo, Shibuya-Ku, Sakuragaoka 9-17, Shinwa Bldg. No. 501, ☎ 770-6308

Help Line
Meist 20.00–22.00 Uhr (engl./jap.),
☎ 453-1618
Information und Beratung für Homosexuelle und Lesbierinnen

Japan International Volunteer Center
113 Tokyo, Bunkyô-ku, Yashima 3-1-4, Aida Bldg. 5 F., ☎ 834-2388
Internationale, unabhängige Organisation für Flüchtlinge und regionale Entwicklungen. Unterstützt Projekte in verschiedenen Ländern.

Minato UNESCO Association
Tokyo, Minato-Ku, Nishi Shinbashi 3-25-31

Missionaries of Charity (Mutter Teresa)
Brothers: 111 Tokyo, Taitô-Ku, Nihontsutsumi 2-2-14, ☎ 876-2864
Sisters: 123 Tokyo, Adachi-Ku, Nishi Arai Honmachi 3-5-24, ☎ 898-3866

NAKAMA
(Feministisches Therapiezentrum)
Terminvereinbarung: Mo–Fr 10.00–17.00 Uhr, ☎ 359-0902

Rape Crisis Line
Mittwoch: 19.00–22.00 Uhr, Samstag: 15.00–18.00 Uhr (jap./engl.), ☎ 207-3692.
Information und Beratung für vergewaltigte Frauen

Banken/Verbände

Tokyo Community Counselling Service (TCCS)
Terminvereinbarung: Mo–Fr 9.00–12.00 Uhr, ☎ 780–0336

Telefonseelsorge „TELL"
(engl. und deutsch)
Tokyo Englisch Life Line, ☎ 264-4347, täglich von: 9.00–13.00 Uhr, 19.00–23.00 Uhr

UNICEF
Tokyo, Minato-Ku, Azabudai 3-1-2, ☎ 583–4407/583–7075

Wohnmöglichkeiten für Frauen in Notlagen

Für Frauen, die von ihrem Partner mißhandelt werden oder deren familiäre Lage anderweitig unerträglich ist, gibt es in Tokyo einige Einrichtungen. TELL (siehe oben) hilft betroffenen Frauen und ihren Kindern, dort zeitweise eine Unterkunft zu finden.

4. Banken

Bayerische Vereinsbank (Plan S. 36/3)
100 Tokyo, Chiyoda-Ku, Tôgin Bldg. Marunouchi 1-4-2, ☎ 284-1341

Berliner Handels- und Frankfurter Bank (Plan S. 36/4)
100 Tokyo, Chiyoda-Ku, Marunouchi Mitsui Bldg. 2F 205, Marunouchi 2-2-2, ☎ 213-0201/2

Commerzbank (Plan S. 36/5)
100 Tokyo, Chiyoda-Ku, Nippon Press Center Bldg. Uchisaiwai-Chô 2-2-1, ☎ 502-4371

Credit Suisse (Tokyo Branch)
107 Tokyo, Minato-Ku, Akasaka 1-12-32, Ark Mori Bldg. 32 F, ☎ 589-3636

Deutsche Bank AG / Tokyo Branch
100-91 Tokyo, Minato-Ku, Arc Mori Bldg., Akasaka 1-12-32, ☎ 588-1971

Dresdner Bank
103 Tokyo, Chûô-Ku, Nihonbashi Muromachi Bldg., Nihonbashi Muromachi 2-15-3, ☎ 241-6411

Swiss Bank Corporation (Plan S. 36/6)
100 Tokyo, Chiyoda-Ku, Marunouchi 2-6-1, Furukawa Sôgo Bldg., ☎ 218-4300

Union Bank of Switzerland
(Tokyo Branch) (Plan S. 36/10)
100 Tokyo, Chiyoda-Ku, Yûraku-Chô 1-10-1, Yûraku-Chô Bldg., ☎ 214-7471

Westdeutsche Landesbank (Plan S. 36/7)
100 Tokyo, Chiyoda-Ku, Kokusai Bldg. Room 720, Marunouchi 3-1-1, ☎ 216-0581

5. Verbände (Industrie / Bund / Länder)

Centrale Marketinggesellschaft der deutschen Agrarwirtschaft (CMA)
100 Tokyo, Chiyoda-Ku, Nagata-Chô 2-14-3, Akasaka Tôkyû Bldg. 8 F, ☎ 580-0169

Deutsche Industrie- und Handelskammer in Japan (DIHKJ) (Plan S. 28/1)
100 Tokyo, Chiyoda-Ku, Akasaka Tokyu Bldg., Nagata-Chô 2-14-3, ☎ 581-9881

Das **Institut für Marktberatung** und der **Bundesverband der Deutschen Industrie** sind der DIHKJ angegliedert.

Swiss Chamber of Commerce & Industry (Plan S. 36/8)
Tokyo, Chiyoda-Ku, Ôtemachi 2-6-1, Asahi Tôkai Bldg. 23 F

Wichtige Informationen

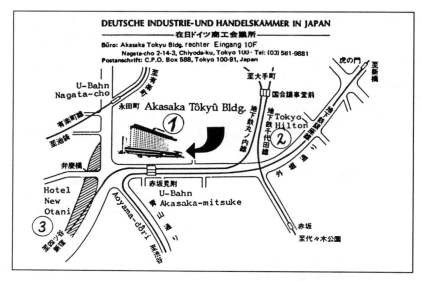

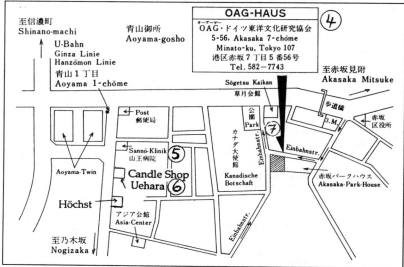

Im OAG-Haus finden Sie:

DAAD: Deutscher Akademischer Austauschdienst
OAG: Deutsche Gesellschaft für Natur- und Völkerkunde Ostasiens
Goethe-Institut Tokyo
GMD: Gesellschaft für Mathematik und Datenverarbeitung
Nichidoku Kaigai Service (Fernost-Reisen)
Deutsche Zentrale für Tourismus
Praxis Dr. Annerose Akaike
OAG-Club „Kreisel"

6. Organisationen für den Kulturaustausch

American Center Tokyo
Tokyo, Minato-Ku, Shiba Kôen 2-6-3, ABC Bldg., ☎ 436-0905

Asahi Cultural Center
Tokyo, Shinjuku-Ku, Shinjuku 2-6-1, Sumitomo Bldg., ☎ 344-1941

Deutscher Akademischer Austauschdienst (DAAD) (Plan S. 28/4)
107 Tokyo, Minato-Ku, Akasaka 7-5-56, ☎ 582-5962

Die japanischen und deutschen Mitarbeiter der DAAD-Außenstelle Tokyo bieten gern allen deutschen Studierenden und jüngeren Wissenschaftlern, die sich in Japan aufhalten, also nicht nur den Stipendiaten der verschiedenen Programme, ihre Hilfe an:
○ Beratung über das japanische und deutsche Hochschulwesen
○ Einladung zu Veranstaltungen, die das gegenseitige Kennenlernen und den Erfahrungsaustausch erleichtern können, z.B. zur Begrüßung der Neuankömmlinge bei „Butterbrot und Bier".
○ Organisation eines „Akademischen Stammtischs an jedem ersten Dienstag im Monat von 18.00–21.00 Uhr im OAG-Club (im Deutschen Kulturzentrum) für alle, die sich auf deutsch unterhalten wollen.
○ Aufnahme in ein Verzeichnis deutschsprachiger Studenten, jüngerer Wissenschaftler und Hochschullehrer an japanischen Universitäten, das jährlich neu erscheint und kostenlos verteilt wird.
Leiter des Büros: Herr Georg Neumann.
Öffnungszeiten: Mo-Fr.: 9.00–13.00 Uhr und 14.00–17.00 Uhr.

Deutsche Gesellschaft für Natur- und Völkerkunde Ostasiens (OAG)
(Plan S. 28/4)
107 Tokyo, Minato-Ku, Akasaka 7-5-56, ☎ 582-7743

Im ersten Band der Mitteilungen der OAG von 1873 heißt es etwas archaisch, doch anschaulich: „Am 22ten März d. J. (1873), dem Geburtstage seiner Majestät des Kaisers und Königs, traten eine Anzahl in Yedo und Yokohama ansässiger Deutsche zusammen, um eine deutsche Gesellschaft für Natur- und Völkerkunde Ostasiens zu gründen. Als Zweck der Gesellschaft wurde bezeichnet, einen gemeinsamen Mittelpunkt für die wissenschaftlichen Bestrebungen der Einzelnen zu schaffen, und auf diese Weise einer Seits zu Forschungen anzuregen, anderer Seits die Ergebnisse derselben größeren Kreisen zugänglich zu machen."
Die OAG ist also eine deutsche Gesellschaft japanischen Rechts mit Sitz in Tokyo. Sie hat zwei untrennbar miteinander verbundene Funktionen: eine wissenschaftliche und eine geistig-gesellige, und es ist nach wie vor ihr Ziel, neben ihrer Vortrags- und Veröffentlichungstätigkeit den Deutschen und ihren deutschsprachigen Freunden ein derartiges Zentrum zu geben.
Für die in West-Japan wohnenden Mitglieder der OAG führt seit 1954 die Zweiggruppe Kobe-Osaka ihr eigenes Veranstaltungsprogramm durch. Seit 1950 besteht daneben die OAG Hamburg, eine rechtlich und organisatorisch unabhängige Gesellschaft, deren Wirken sich auf Veröffentlichungen konzentriert und mit der die OAG in Tokyo in freundschaftlicher Verbindung steht. Die Mitgliedschaft in einer der OAGs schließt allerdings nicht auch die Mitgliedschaft in der anderen, da unabhängigen, Gesellschaft mit ein.
Die OAG Tokyo legt heute den Schwerpunkt ihrer Tätigkeit auf das gegenwärtige Japan. Dafür sprechen 2 Gründe: Erstens kann die OAG durch ihren Standort in Tokyo neuere Entwicklungen im Lande unmittelbar beobachten und erfahren, und folglich aktuelle Themen sofort erkennen und bearbeiten. Zweitens verkörpern die Mitglieder der OAG ein erhebliches Erfahrungs- und Wissenspotential über das gegenwärtige Japan, das die OAG nutzen will.

Wichtige Informationen

Sie tut dies auf zweierlei Weise: Sie gibt Veröffentlichungen heraus und führt eine Vielzahl von **Veranstaltungen** durch. In jedem Monat, mit Ausnahme der beiden Sommermonate Juli und August, sind zwei Vortragstermine, traditionell an den Mittwochabenden, die durch kurzfristig sich ergebende Angebote ergänzt werden können. Die Themen der Vorträge sind durchweg auf Ostasien bezogen, wobei, wie erwähnt, Japan den Schwerpunkt bildet. Sie werden von Wissenschaftlern und Experten aus der Praxis über ihr jeweiliges Fachgebiet gehalten. In den Vorträgen kommt der besondere Vorzug der OAG, daß in ihr Wissenschaftler, Kaufleute, Diplomaten, Juristen und viele andere mit den unterschiedlichsten Berufen, Kenntnissen und Interessen zusammengeschlossen sind, am stärksten zum Tragen. Neuerdings werden auch verstärkt Dokumentar- wie auch Unterhaltungsfilme gezeigt. So ergibt sich ein breites Spektrum von Themen, die den in Tokyo Ansässigen im Laufe ihres Aufenthalts im Land einen umfassenden Überblick der japanischen Kultur und Gesellschaft vermitteln.

Außer den Vorträgen veranstaltet die OAG im eigenen Haus Seminare ostasienkundlichen Inhalts, Symposien, Podiumsgespräche und regelmäßige Gesprächskreise. Im Herbst findet jährlich ein ganztägiges Einführungsseminar für Neuankömmlinge in Japan statt. 1988 organisierte die OAG den ersten deutschen Japanologentag in Japan, der fortan im Zweijahresrhythmus wiederholt werden wird.

Die geistig-geselligen Veranstaltungen finden im wesentlichen im Rahmen von Ausstellungen im OAG-Haus, von Reisen und Theaterbesuchen (Nô etc.) und regelmäßigen Spielabenden, z.B. Go, statt. Außerdem gibt es eine Vielzahl von Kursen, wie Japanisch, Sumie und Ikebana. Für die Veranstaltungen verfügt die OAG über einen großen Saal (250 Plätze), ein für Ausstellungen hervorragend geeignetes Foyer und, neben kleineren Räumen, über ein Club-Restaurant, den „Kreisel" mit deutschen Speisen und Getränken.

Das **Publikationsprogramm** der OAG umfaßt mehrere Schriftenreihen, die durch Sonderveröffentlichungen ergänzt werden:

1. Sammelbandreihe
In dieser Reihe sind von 1980 bis 1987 fünf Sammelbände (siehe Veröffentlichungsverzeichnis der OAG, erhältlich im OAG-Büro) unter dem Reihentitel „Japan modern" beim Erich Schmidt Verlag, Berlin herausgegeben worden. Ab 1988 erscheinen die Sammelbände bei dem Münchener Verleger Dr. Peter Kapitza (iudicium verlag). Die Reihe wird fortgeführt, doch die Reihenbezeichnung aufgegeben. Die Sammelbände enthalten jeweils Aufsätze zu einem zentralen, gegenwartsbezogenen Thema. Die Themen werden von der OAG festgelegt. Ein von der OAG bestimmter Herausgeber wählt die Autoren aus und betreut die Veröffentlichung bis zu ihrer Fertigstellung, wobei sich die OAG um eine möglichst große Vielfalt der Aspekte und Meinungen bemüht. Bei der Herausgabe der Bände wird die OAG von einem Herausgebergremium, dem namhafte deutsche und japanische Wissenschaftler und Publizisten angehören, beraten und unterstützt.

2. „OAG aktuell"
„OAG aktuell" ist eine Reihe kleinerer Publikationen. Sie dienen überwiegend zur Veröffentlichung von in der OAG gehaltenen Vorträgen, soweit diese nach Thema und Inhalt für einen größeren Leserkreis von Interesse sind. Ab 1987 werden die Hefte zusätzlich als Jahressammelband herausgegeben.

3. „Japan direkt"
Diese Reihe enthält zu jeweils einem bestimmten Thema Artikel aus renommierten japanischen Zeitschriften und Zeitungen in gut lesbarer deutscher Übersetzung, die die deutschen Leser über Probleme und Erscheinungen des modernen Lebens in Japan aus japanischer Sicht informieren.

4. „Mitteilungen"
Die Mitteilungen der OAG (MOAG) werden inzwischen überwiegend von der OAG Hamburg herausgegeben, beinhalten häufig Dissertationen und behandeln meist geschichts- und literaturwissenschaftliche Themen.

5. „Kagami"
Ebenfalls von der OAG Hamburg wird die neue Folge des früher in Tokyo erschienenen „Kagami" herausgegeben, der Übersetzungen

Organisationen für den Kulturaustausch

aus Zeitungen und Zeitschriften zu zeitgeschichtlich relevanten Themen enthält.

6. Sonstige Veröffentlichungen
Als Sonderveröffentlichungen gibt die OAG außer den genannten laufenden Reihen auch Monographien und andere Bücher heraus, die ihr veröffentlichenswert erscheinen. Dazu gehören besonders auch Übersetzungen aus jenen Bereichen, die von den Verlagen in Deutschland häufig vernachlässigt werden.

Die Mitglieder erhalten „Japan direkt" und „OAG aktuell" kostenlos, die übrigen Veröffentlichungen zum Vorzugspreis.

Über das Veranstaltungsprogramm der OAG und sonstige Vereinsnachrichten werden die Mitglieder durch monatliche **Rundschreiben** unterrichtet, die auch Besprechungen von ostasienbezogenen Büchern enthalten.

1985 hat die OAG den **Preis der OAG Tokyo** gestiftet, der alle zwei Jahre an jüngere Wissenschaftler, die hervorragende Leistungen in der Japanforschung erbracht haben, vergeben werden soll. Der Preis ist mit einer Million Yen dotiert und wurde im Herbst 1987 zum erstenmal vergeben.

Die OAG hat sich in den vergangenen mehr als 100 Jahren aus eigener Kraft erhalten und ist bestrebt, auch in Zukunft ihre Unabhängigkeit zu bewahren. Sie finanziert sich durch die Vermietung von Räumen im viergeschossigen OAG-Haus auf eigenem Grundstück, durch Mitgliedsbeiträge und den Vertrieb ihrer Veröffentlichungen. Zur Erfüllung ihrer Ziele und lebendigen Gestaltung ihrer Aktivitäten bedarf die OAG stets der Anregungen und Mitarbeit von seiten ihrer Mitglieder.

Deutsche, die in Tokyo oder Umgebung wohnen, können Ordentliche Mitglieder werden. Der Beitrag beläuft sich auf 1 500 ¥ pro Monat und schließt die Familie des Mitglieds mit ein. Deutsche außerhalb des Einzugsgebiets von Tokyo sowie Angehörige anderer Nationen gelten als Fördernde Mitglieder (Monatsbeitrag 500 ¥, in der BRD und West-Berlin 5,– DM). Für Studenten wird erhebliche Beitragsermäßigung gewährt. Die Beiträge können auf ein Konto in Deutschland überwiesen werden.

Weitere Auskünfte erteilt gerne das Büro der OAG.

Friedrich-Ebert-Stiftung (Tokyo Office)
107 Tokyo, Minato-Ku, Minami Aoyama 5-1-10, Minami Aoyama Daiichi Mansion 312, ☎ 407-8717

Gesellschaft für Mathematik und Datenverarbeitung (GMD) (Plan S. 28/4)
107 Tokyo, Minato-Ku, Akasaka 7-5-56, OAG-Haus, ☎ 586-7104

Die GMD ist eine von Bund und Ländern getragene Großforschungseinrichtung mit ca. 1300 Mitarbeitern. Sie besitzt Außenstellen in Washington, Los Angeles und in Tokyo, die den Auftrag haben, im Arbeitsgebiet der GMD Verbindung zu Einrichtungen im Gastland herzustellen. Neben Aktivitäten auf dem Gebiet der Datenverarbeitung befaßt sich die Außenstelle mit Verbindungsarbeit in allen Bereichen wissenschaftlicher Information, dies allerdings in der Regel nur für deutsche Bibliotheken. Das Büro in Tokyo wurde 1977 gegründet, es hat 7 Mitarbeiter.

Goethe-Institut (Plan S. 28/4)
107 Tokyo, Minato-Ku, Akasaka 7-5-56, ☎ 584-3201/4

Die wichtigsten Aufgaben des Goethe-Instituts sind u.a. Erteilung und Förderung von Deutschunterricht im Ausland, Durchführung und Vermittlung kultureller Veranstaltungen im Ausland, Vermittlung von Informationen im Ausland über das kulturelle Leben in der Bundesrepublik Deutschland und Zusammenarbeit und Austausch mit kulturellen Einrichtungen im Ausland. Seine Tätigkeit zielt also hauptsächlich auf das jeweilige Gastland, hier Japan. Auch für Deutsche in Japan ist es in einigen Bereichen von Interesse. Hier sind zu nennen:
die Bibliothek
der Zeitschriftenleseraum
die Mediothek
und die Veranstaltungen.

Die Bibliothek ist nach Ausstellung einer Lesekarte für jedermann kostenlos zugänglich, das Ausleihen von Büchern ist möglich. Die Bibliothek enthält deutsche Bücher (auch in jap. Übersetzungen) aus allen Bereichen des kulturellen, sozialen und wissenschaftlichen Lebens in

Wichtige Informationen

Deutschland. Schwerpunkt ist nach wie vor die deutsche Literatur. Nicht vorhanden sind wissenschaftliche Spezialveröffentlichungen und Bücher, die für Japaner nur von geringem Interesse sind, z.B. deutsche Kinderbücher. Bücher über Japan wurden auf Gesamtdarstellungen beschränkt. Weitere Japanliteratur steht im gleichen Haus in der Bibliothek der OAG, die wiederum keine deutsche Literatur und nur wenige allgemeine Werke über Deutschland enthält.

Im Zeitungsleseraum können neue deutsche Zeitungen und Zeitschriften gelesen werden, ausleihen ist nicht möglich, ausgenommen ältere Zeitschriften.

Die Mediothek bietet mit entsprechender technischer Ausstattung die Möglichkeit, moderne deutsche Musik, deutsche Chansons und deutsche Literatur anzuhören. Außerdem enthält sie Filminformationen über Deutschland und Veranstaltungen des Goethe-Instituts.

Die Veranstaltungen (Ausstellungen, Konzerte, Filmwochen, Vorträge usw.) werden teils vom Goethe-Institut allein, teils mit wechselnden japanischen Partnerorganisationen durchgeführt, sie finden teils im Hause, teils an Drittorten statt. Sofern sie nicht für ein begrenztes Fachpublikum bestimmt sind, sind sie allgemein zugänglich. In der Regel ist ein „niedriger" Eintrittspreis zu zahlen. Die Veranstaltungen werden per Anschlag im Goethe-Institut und in den englischsprachigen Zeitungen angekündigt.

Das Goethe-Institut ist samstags, sonntags und an japanischen Feiertagen geschlossen.

International House of Japan
106 Tokyo, Minato-Ku, Roppongi 5-11-16, ☎ 470-4611

Das International House of Japan enthält ein Restaurant, Konferenzräume in verschiedenen Größen, Gästezimmer und vor allem eine umfangreiche Bibliothek in europäischen Sprachen über Japan. Es führt Vortrags- und sonstige Veranstaltungen durch. Zu seiner Benutzung muß man Mitglied sein. Über eine Aufnahme entscheidet der Vorstand.

Japan Foundation
102 Tokyo, Chiyoda-Ku, Park Bldg. Kioi-Chô 3-6, ☎ 263-4504

Neben vielen anderen Aktivitäten führt die Japan Foundation Vortrags- und Diskussionsveranstaltungen, Seminare, japanische Filmwochen usw. durch. Sie enthält auch eine umfangreiche Bibliothek europäischsprachiger Literatur über Japan. Nach Ausstellung einer Benutzerkarte (dazu braucht man seinen Ausweis oder das Certificate of Alien Registration) ist die Bibliothek für jedermann zugäglich, die Bücher können auch entliehen werden.

Japanisch-Deutsche Gesellschaft
100 Tokyo, Chiyoda-Ku, Nihon Bldg. / Room 429, Ôtemachi 2-6-2, ☎ 270-3770

Die Japanisch-Deutsche Gesellschaft dient den gesellligen und kulturellen Kontakten zwischen Japanern und Deutschen. Sie veranstaltet monatlich einen Vortragsabend, verbunden mit einem Abendessen und der Vorführung des „Deutschlandspiegels". Weitere Veranstaltungen (Ausflüge, Empfänge usw.) werden in unregelmäßigen Abständen durchgeführt.

Außerdem gibt die Japanisch-Deutsche Gesellschaft Monatsberichte auf Japanisch und Deutsch heraus, die regelmäßig auch eine Zusammenfassung des im Vormonat gehaltenen Vortrags enthalten.

Konrad-Adenauer-Stiftung
106 Tokyo, Minato-Ku, Nishi Azabu 4-12-24, ☎ 797-1777

Die Konrad-Adenauer-Stiftung leistet weltweit ihren Beitrag zum internationalen Verständnis auf der Basis der christlich-demokratischen Tradition, wie es ihr als CDU-nahe politische Stiftung zukommt. Zu diesem Zweck unterhält sie z.Z. in 112 Ländern der Welt Vertretungsbüros bzw. Außenstellen.

Die Außenstelle Tokyo wurde 1985 eingerichtet und dient vor allem der Förderung des gegenseitigen Verständnisses zwischen der Bundesrepublik Deutschland und Japan. Hierzu pflegt die KAS Tokyo kooperative Beziehungen zu japanischen privatwirtschaftlichen Stiftungen, Universitäten und verschiedenen japanischen

Regierungsstellen. Als CDU-nahe Stiftung kommt naturgemäß den Beziehungen der LPD als Schwesterpartei der CDU eine besondere Bedeutung zu.
Gemeinsame Maßnahmen werden nach den der Stiftung eigenen partnerschaftlichen Prinzipien durchgeführt. So bestehen ein Stipendienprogramm für japanische Studenten und Wissenschaftler, ein Austauschprogramm für Journalisten und eine Serie von deutsch-japanischen Vortrags- und Diskussionsveranstaltungen, Expertenkonferenzen und Symposien, die wechselweise in der BRD oder in Japan durchgeführt werden.
Außerdem bietet die KAS Außenstelle Tokyo interessierten Japanern ihre Vermittlungsdienste bei Studien- und Forschungsvorhaben in der BRD an. Sie will mit diesen Möglichkeiten um Verständnis für die christlich-demokratische Tradition aus der Sicht der Konrad-Adenauer-Stiftung werben.
Außerdem bietet die KAS Außenstelle Tokyo namhaften deutschen Vertretern aus Politik, Wirtschaft und Kultur, die der Stiftung verbunden sind, auf Wunsch ein Gesprächs- bzw. Diskussionsforum zu gemeinsam interessierenden Fragen an.
Nähere Auskünfte über die Japan-Arbeit der KAS können jederzeit bei der Außenstelle Tokyo eingeholt werden. (Dr. Markus Tidten, Außenstellenleiter, KAS Tokyo)

Philipp-Franz-von-Siebold-Stiftung
(Deutsches Institut für Japanstudien)
102 Tokyo-To, Chiyoda-Ku, Kudan-Minami 3-3-6, ☎ 222-5077

Swiss-Japan Society
C.P.O. Box 513, Tokyo 100-91
Nähere Auskünfte erteilt auch die Schweizer Botschaft.

7. Fluggesellschaften / Transportunternehmen (Stadtbüros)

Aeroflot
☎ 434-9681

Air France
☎ 475-2355

British Airways
☎ ~~214-4161~~ 3593-8811

Japan Airlines (JAL)
☎ 456-2111 (Inlandsflüge); 457-1181 (Auslandsflüge)

KLM (Niederländische Fluggesellschaft)
☎ 216-0771

Korean Airlines
☎ 211-3311

Lufthansa
100 Tokyo, Chiyoda-Ku, Kasumigaseki 3-2-6, ☎ 580-2121; C.P.O. Box 1824, Tokyo 100-91

North West Airlines
☎ 432-6000

PanAm
☎ 508-2111

Singapore Airlines
☎ 213-3431

Swiss Air Transport Co. Ltd.
100 Tokyo, Chiyoda-Ku, Yûraku-Chô 1-8-1, Hibiya Park Bldg. Room 410, ☎ 212-1011

Trans Meridian Navigation
(Hapag Lloyd Vertretung)
108 Tokyo, Minato-Ku, Kônan 2-13-31, NSS Bldg. 7.8.F, ☎ 458-2611

United Airlines
☎ 817-4411

Wichtige Informationen

Flugauskunft Narita Airport
(Passagierlisten/Ankunft/Abflug)
☎ 457-1111 oder (0476) 32-2800

8. Reisebüros/ Reiseinfos/ Info-Service

American Express International Inc.
Tokyo, Minato-Ku, Roppongi 3-16-26, Halifax Bldg., ☎ 586-4321

Deutsche Zentrale für Tourismus
(Plan S. 28/4)
107 Tokyo, Minato-Ku, Akasaka 7-5-56, OAG-Haus, ☎ 586-5046

3F Club
160 Tokyo, Shinjuku-Ku, Shinano-Machi 7-2, ☎ 341-0426/7
Organisiert interessante Gruppenreisen in Japan für Ausländer.

Fujita Travel Service Co. Ltd.
(Abteilung für Ausländer)
Tokyo, Chûô-Ku, Ginza 6-2-1, Riccar Bldg., ☎ 573-1011

Hallo Dial
☎ 272-8600
Gibt Auskunft über Speisekarten, Öffnungszeiten und Preise von Restaurants und Hotels im Stadtbezirk Ihrer Wahl.

Hato-Bus (Information Center)
Tokyo, Minato-Ku, Shiba Ura 3-2-20, ☎ 455-8101
Hato-Bus macht Stadtrundfahrten und andere Ausflugsfahrten in Tokyo und Umgebung.

Infoservice for Foreigners
Montags und donnerstags von 13.00–16.00 Uhr, ☎ 211-4433

Japan Travel Bureau Inc. (JTB) (Plan S. 36/9)
103 Tokyo, Chûô-Ku, Nihonbashi 1-13-1, Nittestu Bldg., ☎ 274-3921

Japan Travel Bureau (Ausländerabteilung)
Tokyo, Minato-Ku, Higashi Shinbashi 1-2-17, ☎ 571-5541

New Tokyo International Airport
(Narita Airport)
Polizei (0476) 32-2391

Nichidoku Kaigai Service Co.
107 Tokyo, Minato-Ku, Akasaka 7-5-56, OAG-Haus, ☎ 587-2531 (Plan S. 28/4)

Orient Travel B.V.
(Tokyo Information Office)
150 Tokyo, Shibuya-Ku, Nanpeidai 15, Lions Mansion 506, ☎ 586-3371

Overseas Travel Service
Tokyo, Chiyoda-Ku, Yûraku-Chô 1-12-1, Shinyûraku-Chô Bldg, Room 253, ☎ 214-4820

Teletourist Service
☎ 503-2911 (engl.) 503-2926 (franz.)
Tonbandinformationen über laufende Veranstaltungen in Tokyo.

Tokyo City Air Terminal
Tokyo, Chûô-Ku, Hakozaki-Chô 42-1, Tokyo City Air Terminal Bldg., ☎ 665-7111
Information Office ☎ 665-7156; Flug-Informationen ☎ 665-7156; Allgemeine Informationen ☎ 665-7156; Buchungen und Reservierungen ☎ 665-7244
Hier kann man bereits fürs Flugzeug einchekken und mit dem Bus zum Flugplatz fahren.

Tokyo International Airport (Haneda)
Tokyo, Ôta-ku, Haneda Kûkô 2-3-1, ☎ 747-8010

Tourist Information Center (TIC)
(Plan S. 36/11 oder 75/2)
Tokyo, Chiyoda-Ku, Yûraku-Chô 1-6-6, Kotani Bldg. 1 F, ☎ 502-1461/2; TIC-Büro im Flughafen Narita: ☎ (0476) 32-8711

Daten wichtiger japanischer Einrichtungen

Mit Namensstempel geht es immer schneller!

9. Daten wichtiger japanischer Einrichtungen

I. Einwanderungsbehörde/ Einwohnermeldeamt

Die Adressen der Einwanderungsbehörden (Immigration Office) in Tokyo und Yokohama entnehmen Sie bitte aus Punkt Allgemeines / Wiedereinreise nach Japan (Seite 16)
Eine Liste der Einwohnermeldeämter (Yakusho) Tokyos und Yokohamas finden Sie unter Punkt Allgemeines / Anmeldung beim Ward Office (Seite 11)

II. Post

Tokyo Chûô Yûbinkyoku (Hauptpostamt) (Plan S. 36/1)
100 Tokyo, Chiyoda-Ku, Marunouchi 2-7-2, ☎284-9540
Ein Teil der Hauptpost ist rund um die Uhr geöffnet, jedoch nur für Eilpost. Reguläre Öffnungszeit: 9.00–19.00 Uhr

Tokyo Kokusai Yûbinkyoku
(International Postoffice) (Plan S. 36/2)
Tokyo, Chiyoda-Ku, Ôtemachi 2-3-3, ☎ 241-4891

Postamt Yokohama
Yokohama Port Post Office: Yokohama, Naka-Ku, Nihon Ôdori 5-3, ☎ (045) 212-3932 oder 212-3935/7 für Auslandspost

III. Telefon / Telegramm

Es gibt über 100 000 öffentliche Telefone in Tokyo. Sie haben die Farben: rot, rosa, blau, gelb und grün.
Mit den roten, blauen und rosa Telefonen können Sie mit einer 10 Yen-Münze 3 Minuten lang telefonieren. Gelbe Telefone sind für Gespräche über größere Distanzen gedacht und nehmen sowohl 10 als auch 100 Yen-Münzen. Bei Münzeinwurf kommt kein Wechselgeld zurück. Grüne Telefone sind sowohl für den Gebrauch von Münzen als auch für Telefonkarten.
Es gibt auch Telefonbücher in alphabetischer Schrift (Yellow Pages).

Wichtige Informationen

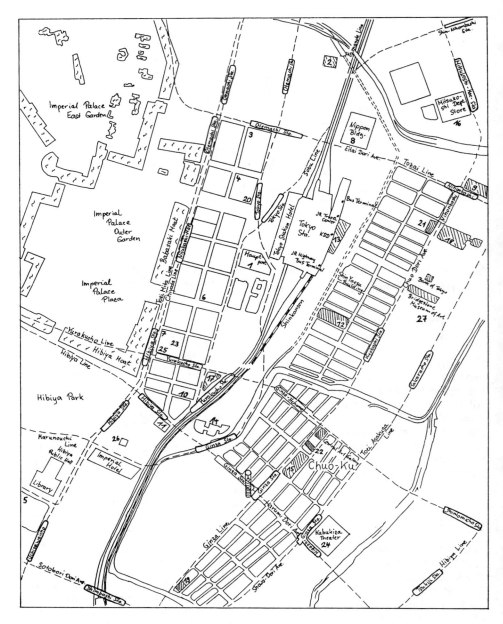

Karte: Stadtkern Tokyos (Legende S. 37)

Daten wichtiger japanischer Einrichtungen

NTT (nationales Telefon)
Tokyo, Chiyoda-Ku, Uchisaiwai-Chô 1-1,
☎ 509-3097

KDD (internationales Telefon)
Tokyo, Shinjuku-Ku, Nishi Shinjuku 2-3-2,
☎ 347-7111

Telefonauskunft / Telefonvermittlung

Telefonauskunft Tokyo: 104
Telefonauskunft andere Städte: jeweilige Vorwahl der Stadt + 104
Telefonauskunft für internationale Anrufe: KDD ☎ 0056
Telefonvermittlung für Auslandsgespräche: ☎ 0051 oder 0056

Legende zum Plan auf S. 36
1 Hauptpostamt
2 Internationales Postamt / Zollamt im Nebengebäude
3 Bayerische Vereinsbank
4 Berliner Handelsbank
5 Commerzbank
6 Swiss Bank Corporation
7 Westdeutsche Landesbank
8 Swiss Chamber of Commerce & Industry
9 Japan Travel Büro / Tokyo Store Nihonbashi
10 Union Bank of Switzerland
11 Tourist Information Center (TIC)
12 Intern. Ass. for Traffic & Safety
13 Daimaru Kaufhaus
14 Hankyû Kaufhaus / Seibu Kaufhaus
15 Matsuya Ginza
16 Mitsukoshi Nihonbashi
17 Sogô Kaufhaus
18 Takashimaya Kaufhaus
19 Kawamura SILK
20 Goethe Shobô Buchhandlung
21 Maruzen Buchhandlung
22 Itô-Ya Bürobedarf
23 Idemitsu Museum
24 Kabuki Theater
25 Imperial Theater (Teikoku Gekijo)
26 Takarazuka Theater
27 Bridgestone Museum of Art

Telefonvorwahlnummern für die größten Städte:

Fukuoka	092	福 岡
Hiroshima	082	広 島
Iwakuni	0827	岩 国
Kagoshima	0992	鹿児島
Kamakura	0467	鎌 倉
Kanazawa	0762	金 沢
Karuizawa	0267	軽井沢
Kôbe	078	神 戸
Kumamoto	096	熊 本
Kyôto	075	京 都
Miyazaki	0985	宮 崎
Nagasaki	0958	長 崎
Nagoya	052	名古屋
Naha (Okinawa)	0988	那 覇
Nara	0742	奈 良
Narita	0476	成 田
Nikkô	0288	日 光
Ôsaka	06	大 阪
Sapporo	011	札 幌
Sendai	022	仙 台
Tokyo	03	東 京
Yokohama	045	横 浜
Yokosuka	0468	横須賀
Zaô	0236	蔵 王

Vorwahlnummern für die Direktwahl ins Ausland

Bei der Direktwahl wählen Sie die Landeskennziffer und danach die Vorwahl des entsprechenden Ortsnetzes jedoch ohne die voranstehende „0".

Z.B. Anruf nach Düsseldorf: 001-49-211 + Teilnehmernummer.

Bundesrepublik Deutschland	001-49
(mit Telefongebührangabe)	002-49
DDR	001-37
Österreich	001-43
Schweiz	001-41

Wichtige Informationen

Telegramme

Inlandstelegramme werden von der Post entgegengenommen oder über: ☎ 115

Telegrammannahme für das Ausland: ☎ 344-5151

Telegrammauskunft für Auslandstelegramme: ☎ 270-5111

IV. Elektro / Gas / Wasser

Die folgenden Telefonnummern können Ihnen dabei helfen, das für Ihr Gebiet zuständige Gas-, Wasser- oder Elektrizitätswerk ausfindig zu machen.

Tokyo Electric Power Co. (Elektrizität)
☎ 501-8111

Tokyo Gas Co.
☎ 273-0111

Tokyo Metropolitan Waterworks
☎ 212-6796

V. Fundbüros

Zentrales Fundbüro der Polizei
Tokyo, Bunkyô-Ku, Kôraku 1-9-1, ☎ 814-4151

Taxi
☎ 648-0300

Zentrales Fundbüro der U-Bahn
☎ 834-5577

Zentrales Fundbüro der Staatsbahn
☎ 231-1880

Fundbüro der Staatsbahn im Ueno-Bahnhof
☎ 841-8069
Bitte melden Sie zuerst Ihren Verlust dem Stationsvorsteher. Notieren Sie sich die Fahrtzeit des Zuges.

Zentrales Fundbüro der Privatbahnen und Busse
Tokyo, Bunkyô-Ku, Hongo 1-35-15,
☎ 818-5760
Alle Fundsachen werden zunächst an den jeweiligen Endstationen aufbewahrt.

Fundbüros YOKOHAMA
Staatsbahnen / Bahnh. Yokohama
☎ (045) 671-3177
U-Bahnen, U-Bahnh. Yokohama
☎ (045) 314-3490
Taxi ☎ (045) 241-3579

10. Ausländische Rundfunkanstalten

Unter folgenden Adressen können Sie von der jeweiligen Rundfunkanstalt kostenlos Programme und Frequenzen anfordern.

Britisch Broadcasting Company (BBC) (Kurzwelle)
Broadcasting House, London W1A 1AA, Great Britain, ☎ 01-580-4468

Deutsche Welle (Kurzwelle)
Raderberggürtel 50, P.O. Box 10 04 44, D 5000 Köln 1, ☎ (0221) 3890

Österreichischer Rundfunk (Kurzwelle)
A-1136 Wien, ☎ (0222) 8291-2130

Radio France International (Kurzwelle)
116 Avenue du President Kennedy, F 75016 Paris, ☎ (1) 42 30 22 22

Swiss Radio International (Kurzwelle)
Giacomettistr. 1, Ch 3000 Bern 15,
☎ (031) 43 92 22

Ausländische Rundfunkanstalten

AFN (American Forces Network) ist auf 810 KHz (Mittelwelle) täglich 24 Stunden im Raum Tokyo/Yokohama in guter Qualität zu empfangen. Nachrichten werden stündlich gesendet.

Literaturangabe

Den am Kurzwellenempfang Interessierten sei das Buch „World Radio TV Handbook" empfohlen. Es enthält Frequenz- und Sendezeitangaben praktisch aller Kurzwellenrundfunkstationen weltweit. Es kann bezogen werden über: Billboard Publications Inc., 1515 Broadway, New York 10036, N.Y. oder über Billboard Ldt., Beak Street, London W1R 3LL oder über jede Buchhandlung (auch in Japan).

Fernsehen

Über Satellitenfernsehen ist auch ein Kanal in englischer Sprache zu empfangen.

(C) Verkehr

1. Öffentliche Verkehrsmittel

um sich billig einen Rundblick auf Tokyo zu verschaffen. Zu den Stoßzeiten fährt die Yamanote Linie alle 2 1/2 Minuten.

Die **Chûô Linie** fährt zwischen Tokyo und Takao. Die orangefarbenen Züge der Chûô Linie sind Expreßzüge. Sie halten nur an den Stationen Tokyo, Kanda, Ochanomizu, Yotsuya, Shinjuku und Nakano, danach an jedem Bahnhof und brauchen etwa 1 Stunde bis Takao.

Züge der **Sôbu Linie** verkehren zwischen Ochanomizu und Chiba. Die Züge halten an jeder Station und fahren zu den Hauptverkehrszeiten alle 5 Minuten.

Nur nicht aufgeben – U-Bahn-Fahren hat bisher jeder gelernt!

Generell zu den Bahnen und Bussen ist zu sagen, daß sie für unsere Verhältnisse relativ früh am Abend den Verkehr einstellen. Erkundigen Sie sich deshalb bitte bei den jeweiligen Bahn- oder Busstationen nach der letzten Fahrt.

Tokyos Stadtbahnen

Die **Yamanote Linie** ist eine 34,5 km lange Rundbahn, die von Shinjuku über Tokyo, Shibuya, Shinagawa wieder nach Shinjuku (und umgekehrt) fährt. Die Fahrzeit für „1 Runde" beträgt etwa 1,5 Stunden. Für Neuankömmlinge ist sie ein ideales Mittel

Das Streckennetz der **Keihin Tôhoku Linie** ist ca. 82 km lang und führt von Ômiya über Tokyo, Yokohama bis Ôfuna. Zwischen Tabata und Shinagawa läuft sie parallel zur Yamanote Linie.

Die **Jôban Linie** braucht von ihren Endpunkten Ueno bis Toride ca. 40 Min.

Die **Saikyô Linie** verkehrt zwischen Shinjuku und Kawagoe. Sie fährt die Strecke Shinjuku–Ikebukuro nonstop in 5 Minuten.

Benutzung der Stadtbahnen

Das Benutzen der Stadtbahnen ist relativ einfach. Normalerweise kauft man sein Ticket bis zum Aussteigebahnhof an den

Öffentliche Verkehrsmittel

Automaten, bei denen man sogar 1000 Yen-Scheine benutzen kann. Den Fahrpreis suchen Sie sich selbst aus den über den Automaten angebrachten Tafeln aus. Falls Sie noch nicht genügend Kanji lesen können, bezahlen Sie einfach den Mindestpreis. Der Kontrolleur an der Ausgangssperre sagt Ihnen dann, wieviel Sie noch nachzuzahlen haben.

Es gibt auch **Ticket-Sets**, in denen jeweils der Einsteige- und Aussteigebahnhof eingetragen ist. Ein Ticket-Set sind 11 Fahrscheine zum Preis von 10.

Die sogenannten **Saisonkarten** für Dauerbenutzer gelten entweder 1, 3 oder 6 Monate. Studentenermäßigung gibt es nur bei Vorlage eines Studentenausweises.

Die Japan Railway bietet auch ein **Eintages-Ticket** an. Es kostet z.Z. 700 ¥, kann in jedem Bahnhof innerhalb Tokyos gekauft werden und berechtigt dazu, an diesem Tag die Stadtbahnen so oft zu benutzen, wie man möchte.

Die meisten Bahnhöfe haben bereits Automaten, bei denen man sogenannte **Orange Cards** erstehen kann. Mit diesen Orange Cards, die etwa die Größe von Telefonkarten haben, ist es einfacher, billiger und geht es schneller, Fahrkarten zu kaufen, besonders in den Stoßzeiten. Sie kosten 1000, 3000, 5000 und 10 000 ¥.

Untergrundbahnen

Das U-Bahnsystem von Tokyo umfaßt 10 Linien, 3 städtische (Toei Linien) und 7 private. Innerhalb der städtischen oder privaten Linien kann man ohne weiteres umsteigen; will man jedoch von der städtischen zur privaten überwechseln, muß man entweder neu lösen oder bei Fahrtantritt eine Umsteigekarte kaufen, was preislich keine Rolle spielt. Am Anfang mag das Benutzen der U-Bahn vielleicht kompliziert sein, wenn Sie jedoch beim Umsteigen einfach den Tafeln mit den Farben der U-Bahn folgen, mit der Sie fahren möchten, ist es gar nicht so schwierig.

Die **Ginza Linie** verkehrt zwischen Asakusa und Shibuya, und ihre Wagen sind orange oder silber mit orangen Streifen.

Die roten Züge der **Marunouchi Linie** verkehren zwischen Ikebukuro, Tokyo und Nakano Sakaue; danach teilt sich die Strecke und führt weiter nach Ogikubo bzw. Hônanchô.

Die Züge der **Hibiya Linie** sind silbergrau. Sie verkehren zwischen Nakameguro über Hibiya, Ginza bis Kita Senju.

Die hellblauen Züge der **Tôzai Linie** führen von Nakano über Ôtemachi nach Funabashi. An Feiertagen stoppen diese Züge auch in Urayasu, der nächsten Station zu Tokyo Disneyland.

Die grünen Züge der **Chiyoda Linie** verkehren zwischen Yoyogi-Uehara und Kita Ayase, über Hibiya und Nezu.

Die Wagen der **Yûraku-Chô Linie** sind gelb. Diese U-Bahnstrecke ist etwa 23 km lang und geht von Shintomi-Chô über Yûraku-Chô, Iidabashi nach Eidan-Narimasu.

Die **Hanzômon Linie** ist die kürzeste U-Bahnstrecke Tokyos. Ihre violetten Züge verkehren zwischen Shibuya und Hanzômon.

Die Züge der **Toei Asakusa Linie** sind weinrot und verkehren zwischen Nishi Magome und Oshiage. Einige Züge fahren weiter bis Narita Airport, die billigste Verbindung zum Flughafen.

Verkehr

Die dunkelblauen Züge der **Toei Mita Linie** fahren über die Innenstadt Tokyos von Mita nach Nishi Takashimadaira.

Die hellgrünen Bahnen der **Toei Shinjuku Linie** fahren von Shinjuku bis Funabori.

Benutzung der U-Bahn

Die U-Bahnen sind genauso zu benutzen wie die Stadtbahnen. Der Mindestfahrkartenpreis beträgt für die Toei Linien 120 ¥, für die anderen 140 ¥. Da Sie im allgemeinen den Ticketpreis vom Abfahrtsbahnhof zum Ankunftsbahnhof kaufen, sollten Sie beim Umsteigen darauf achten, daß Sie das Ticket nur vorzeigen und **nicht** abgeben, wenn Sie durch eine Sperre gehen.
Auch für die U-Bahnen kann man Saison- und Mehrfahrkarten erwerben. Sie werden von 7.40 Uhr bis 20.00 Uhr an den Fahrkartenschaltern folgender Bahnhöfe verkauft: Akasaka Mitsuke, Ebisu, Ginza, Ginza Ichôme, Iidabashi, Ikebukuro, Kasumigaseki, Kayaba-Chô, Kita Senju, Kokkai Ochanomizu, Ogikubo, Ôtemachi, Shibuya, Shinbashi, Shinjuku, Shinochanomizu, Ueno und Urayasu.
Eintagestickets kosten für die U-Bahnen 600 ¥.

Private Bahnen

Neben den Bahnen der Japan Railway gibt es noch 4 private Bahnlinien, die im Vergleich dazu preislich sehr günstig sind.

Die **Tôkyû Tôyoko Linie** verkehrt zwischen Shibuya und Sakuragi-Chô in Yokohama.

Die Hauptlinie der **Odakyû Linie** verkehrt zwischen Shinjuku und Hakone über Odawara. Auf dieser Linie gibt es viele Express-, Schnell- und Sonderzüge, so daß Sie sich vor dem Benutzen die Fahrpläne gut anschauen sollten.

Die **Keiô Linie** befährt in ihrer Hauptstrecke die Strecke Shinjuku/Hachiôji. Sie ist zu den Hauptverkehrszeiten immer sehr voll, da sie nur 35 Minuten dafür braucht.

Die **Keiô Inokashira Linie** verkehrt zwischen Shibuya und Kichijôji.

Von den beiden **Seibu Linien** verkehrt die eine zwischen Ikebukuro und Chichibu (Seibu Ikebukuro Linie) und die andere zwischen Shinjuku und Honkawagoe (Seibu Shinjuku Linie). Beide Linien treffen sich in Tokorozawa.

Shinkansen

Es gibt zwei große Shinkansen (Superschnellzugstrecken) in Japan. Der Einsteigebahnhof in Tokyo für die südliche Strecke in Richtung Kyôto, Ôsaka ist Tokyo Hauptbahnhof, für die nördliche Strecke in Richtung Sendai, Morioka ist der Ueno Bahnhof. Die Verbindungsstrecke zwischen Ueno und Tokyo ist gerade im Bau.

Es ist möglich, Reisende im Shinkansen anzurufen: ☎ 107 (nur Japanisch); Generelle Zugauskunft: ☎ 212-4441 (nur Japanisch) ☎ 355-4400 (Shinjuku JR)

Anmerkungen

Fahrpläne für die Bahnen und Streckennetzkarten finden Sie im „Tour Companion" (Seite 76), in den meisten Hotels und in den westlich orientierten Supermärkten.

Falls Sie mit einem **Japan Railpass** durch Japan reisen möchten, ist es wichtig, daß Sie diesen Paß bereits beim Kauf Ihres Flugtickets mitkaufen, da er im Ausland gekauft wesentlich billiger ist. Er kostet etwa ab 20 000 ¥, je nach Gültigkeitsdauer.

Literaturhinweis

Den Benutzern des Bahnsystems empfehlen wir das Buch:
„The Tokyo Transit Book" von Garry Bassin, erschienen bei Japan Times Ltd.

Busse

Es gibt unzählige öffentliche Busse in Tokyo. Die Fahrtkosten sind im allgemeinen 160 ¥. Wichtig ist, daß Sie beim Einsteigen Kleingeld haben. In den meisten Bussen gibt es inzwischen auch Automaten für 1000 Yen-Scheine. Falls Sie öfters mit dem Bus fahren, sind Mehrfahrkarten zu empfehlen, die Sie entweder im Bus oder in Geschäften nahe den Bushaltestellen kaufen können. Sie kosten 1000 ¥ oder 3000 ¥, Kindermehrfahrkarten gibt es nur für 1000 ¥.

Beim Busfahren sollten Sie beachten, daß Sie, bevor Sie aussteigen wollen, einen der Knöpfe drücken, die in der Nähe aller Sitze angebracht sind. So weiß der Fahrer, daß ein Fahrgast aussteigen möchte. Wenn Sie nicht drücken und es steht kein Fahrgast an der Bushaltestelle, kann es Ihnen passieren, daß der Bus weiterfährt, ohne zu halten.

Es gibt auch Eintagestickets für Busse zum Preis von 650 ¥, die in den U-Bahnhöfen und den Busterminals verkauft werden.

2. Taxi

In Ihrer ersten Zeit in Tokyo werden Sie sicher viel auf Taxis angewiesen sein. Normale Taxis finden Sie an den Taxiständen oder vor den großen Hotels. Im allgemeinen ist es üblich, einem vorbeifahrenden Taxi zu winken, um es anzuhalten. Es ist wichtig, besonders wenn Sie noch kein Japanisch sprechen und/oder Ihren Zielort nicht kennen, dem Fahrer einen Plan Ihres Zielortes zu zeigen. Die Türen der Taxis öffnen und schließen übrigens automatisch per Knopfdruck des Fahrers. Es gibt 2 Arten von Taxis, die Sie telefo-

Verkehr

nisch bestellen können. Zum einen reguläre Taxis, bei denen meist ein kleiner Aufpreis für die Anfahrt gezahlt werden muß, und sogenannte Hire-Cars (Mietwagen), meist schwarze Limousinen, die stunden- oder tageweise gemietet werden können und bei denen Sie vorher den Preis erfragen sollten.

Ruftaxis

Daiwa	563-5151
Eastern Motors	545-3501
Green Cab	417-2221
Sanno Kôtsu	741-6331
Takara	404-2171

Hire Cars

Daiwa	201-7007
Eastern Motors	571-3759
Fuji	551-6411
Green Cab	202-6011
Hinomaru	585-0080
Nihon Kôtsu	231-4871
Sannô Kôtsu	573-3751
Seibu	432-7581
Takara	404-2171
Teito	214-2021

_____ Hinweis _____

Es ist nicht üblich, den Taxifahrern Trinkgeld zu geben.

3. Auto

Die Adressen der Ummeldestellen für einen japanischen Führerschein und die Formalitäten dafür entnehmen Sie bitte S. 13 bzw. S. 15.

Fahrschulen

Ikegami Driving School
146 Tokyo, Ôta-Ku, Ikegami 5-16-1, ☎ 752-5111

Nomura Driving School (auch engl.)
Tokyo, Ôta-Ku, Nishi Magome 1-30-8, ☎ 777-2451

Shinagawa Driving School
Tokyo, Shinagawa-Ku, Higashi Ôi 1-14-8, ☎ 471-4981

Tôkyû Jidôsha Gakkô
Tokyo, Setagaya-Ku, Kaminoue 2-28-1, in Futago Tamagawa, ☎ 700-9551

Automobil Club

Japan Automobil Federation (JAF)
105 Tokyo, Minato-Ku, Shiba Kôen 3-5-8, ☎ 436-2811
Die JAF ist eine ähnliche Organisation wie der deutsche ADAC. Der Beitrag beträgt jährlich etwa 4000 ¥, beim Anmelden ist eine Einschreibegebühr von 2000 ¥ zu entrichten. Über die JAF können Sie auch folgende Broschüre beziehen: „Manual for Drivers and Pedestrians" (engl.)

The International Association for Traffic and Safety Science (IATSS) (Plan S. 36/12)
104 Tokyo, Chûô-Ku, Yaesu 2-6-20, Honda Yaesu Bldg., ☎ 273-7884

_____ Literaturhinweis _____

Über diese Organisation erhalten Sie das Buch: „Rules of the Road (engl.)"

Auto

Wichtige Stadtteile und ihre Schriftzeichen

Akasaka	赤坂
Akasakamitsuke	赤坂見附
Akihabara	秋葉原
Aoyama	青山
Asakusa	浅草
Azabu	麻布
Daikanyama	代官山
Denenchôfu	田園調布
Ebisu	恵比寿
Ginza	銀座
Gotanda	五反田
Hakozaki	箱崎
Hamamatsu-Chô	浜松町
Haneda (Kûkô)	羽田（空港）
Harajuku	原宿
Heiwajima	平和島
Hibiya	日比谷
Hiroo	広尾
Ikebukuro	池袋
Jiyûgaoka	自由ケ丘
Kanda	神田
Kasumigaseki	霞が関
Komazawa Park	駒沢公園
Meguro	目黒
Mejiro	目白
Nakameguro	中目黒
Nihonbashi	日本橋
Ochanomizu	御茶ノ水
Ôimachi	大井町
Ômori	大森
Roppongi	六本木
Shiba	芝
Shibuya	渋谷
Shinagawa	品川
Shinbashi	新橋
Shinjuku	新宿
Shiroganedai	白金台
Tokyo	東京
Ueno	上野
Yotsuya	四谷
Yoyogi	代々木
Yûraku-Chô	有楽町

Schriftzeichen einiger Orte in Tokyos Umgebung

Akiya	秋谷
Atami	熱海
Atsugi	厚木
Chiba	千葉
Gotemba	御殿場
Hakone	箱根
Kamakura	鎌倉
Kawagoe	川越
Kawasaki	川崎
Nakano	中野
Nikkô	日光
Odawara	小田原
Ômiya	大宮
Shimoda	下田
Tachikawa	立川
Yokohama	横浜

Himmelsrichtungen

higashi – Osten	東
minami – Süden	南
kita – Norden	北
nishi – Westen	西

Stadtpläne von Tokyo und Straßenkarten

Great Tokyo Map / Nippon Kokuseisha

Falk Plan von Tokyo

Tokyo, A Bilingual Atlas / Kôdansha

Siehe auch beiliegenden Plan der Stadtautobahnen (S. 46)

Wichtige Anmerkung

Es kann Sie sehr teuer zu stehen kommen, wenn Sie Ihr Auto einfach irgendwo am Straßenrand abstellen. Der Tokyoer Abschleppdienst arbeitet sehr schnell. Das Wiederbekommen des Autos ist eine zeitaufwendige und kostspielige Angelegenheit, zwischen 15 000 ¥ und 20 000 ¥. Stellen Sie deshalb besser Ihr Auto in ein Parkhaus der großen Kaufhäuser, kaufen Sie für 3000 ¥ etwas ein, und lassen Sie sich einen Stempel auf den Parkschein geben. So können Sie 2 Std. kostenlos parken.

Verkehr

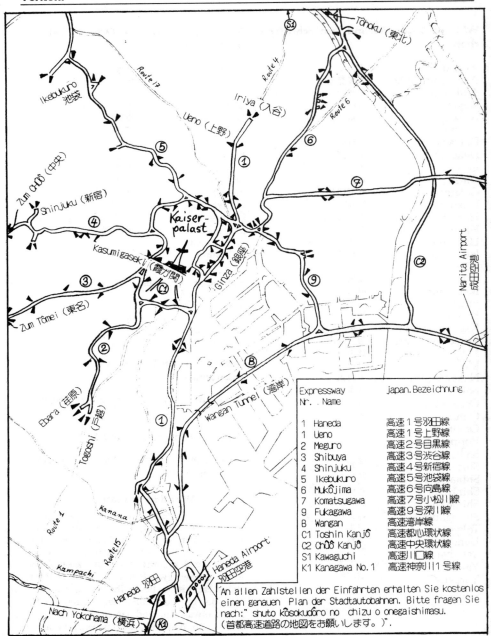

Karte: Schematische Zeichnung der Stadtautobahn Tokyo

Auto

Autovermietungen (Rent-A-Car)

Über folgende Telefonnummern können Sie den Ihrem Wohnsitz am nächsten liegenden Autoverleih erfragen.

Nippon Rent-A-Car Service Center
150 Tokyo, Shibuya-Ku, Kamiyama-Chô 5-5, Nippon Rent-A-Car Bldg.,
☎ 469-0919

Nissan Yoyaku Center
Tokyo, Shibuya-Ku, Azabudai 1-5-7,
☎ 587-4123

Toyota Kantô Yoyaku Center
Tokyo, Chiyoda-Ku, Fujimi-Chô 1-1-8,
☎ 264-2834; Toyota Ômori: ☎ 766-6461

(D) Medizinische Betreuung

1. Krankenhäuser

Notruf:

119	Feuer und Ambulanz
110	Polizei
212-2323	Vermittlung von Notfallkrankenhäusern in der Nähe

Wichtiges Vokabular:

byôki desu	→	ich bin krank
hayaku kite kudasai	→	bitte kommen Sie sofort
doitsujin desu	→	ich bin Deutsche(r)
doitsugo to eigo shika wakarimasen	→	ich spreche nur Deutsch und Englisch
kaji	→	Feuer
kyûkyûsha	→	Rettungswagen
kuriniku (clinic)	→	Praxis
byôin / hosupitaru (Hospital)	→	Krankenhaus
daigakubyôin	→	Universitätsklinik

Geben Sie im Notfall langsam Ihre vollständige Adresse an, Ihre Nationalität und Muttersprache. Es ist zu empfehlen, wenn Sie nicht gut japanisch sprechen, einen Nachbarn oder Bekannten mitzunehmen.

_____ **Literaturhinweis** _____

„How to Consult the Doctor in Five Languages" (Japan Times Ltd.)

Krankenhäuser, in denen einige Ärzte und Schwestern Englisch sprechen:

Heiwa Hospital (Plan S. 49 oben)
230 Yokohama, Tsurumi-Ku, Higashi Terao Nakadai 28-1, ☎ (045) 581-2211

International Catholic Hospital
(Seibo Byôin) (Plan S. 50/1)
2-5-1 Nakaochiai, Shinjuku-Ku, Tokyo 161, ☎ 951-1111

Isogo Center Hospital (Isogo Chûô Byôin)
Yokohama, Isogo-Ku, Mori 1-16-26,
☎ (045) 752-1212

St. Luke's International Hospital
(Sei Ruka Byôin) (Plan S. 49 unten)
10-1 Asashi-Chô, Chûô-Ku, Tokyo 104,
☎ 541-5151
alle Fachrichtungen, klinische und ambulante Behandlung

Tokyo Sanitarium Byôin
(Eisei Byôin) (Plan S. 51)
3-17-3 Amanuma, Suginami-Ku, Tokyo 167, ☎ 392-6151
alle Fachrichtungen, klinische und ambulante Behandlung

Washinzaka Hospital
Yokohama, Naka-Ku, Yamate-Chô 169,
☎ (045) 623-7688

Yokohama Municipal Port and Harbour Hospital (Kôwan Byôin)
Yokohama, Naka-Ku, Shin-Yamashita 3-2-3, ☎ (045) 621-3388

Krankenhäuser

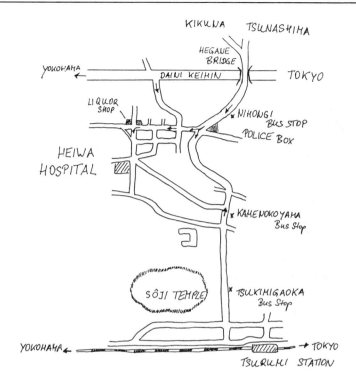

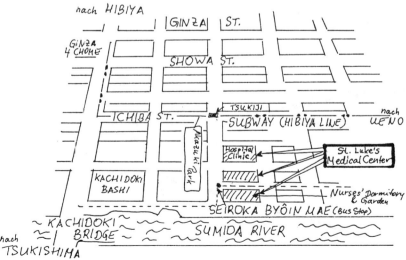

Medizinische Betreuung

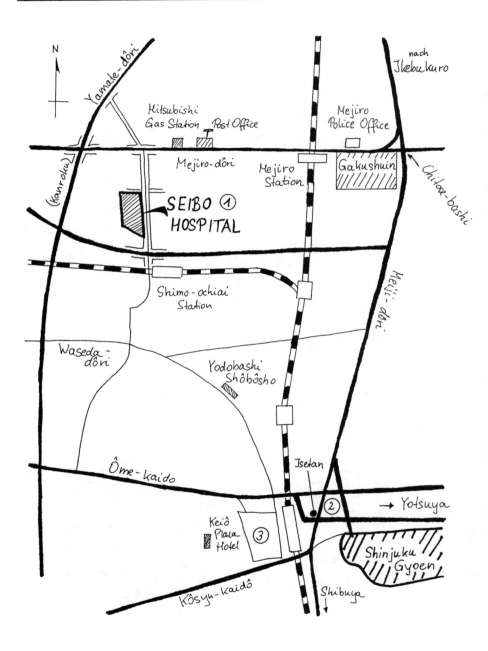

Ärzte

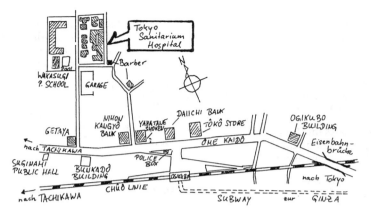

Krankenhäuser, zentral gelegen, nur Japanisch, ambulante und klinische Behandlung, Notfälle.

Denenchôfu Chûô Byôin
(alle Fachrichtungen)
2-43-1 Denenchôfu, Ôta-Ku, Tokyo,
☎ 721-7121

Ebara Byôin (alle Fachrichtungen)
4-5-10 Higashi Yukigaya, Ôta-Ku, Tokyo
146, ☎ 729-0151

Jikei Daigaku Byôin (alle Fachrichtungen, gute gynäkologische Abteilung)
3-19-18 Nishi Shinbashi, Minato-Ku,
Tokyo 105, ☎ 433-1111

Kokuritsu Shôni Byôin (Kinderklinik)
3-35-31 Taishidô, Setagaya-Ku, Tokyo 154,
☎ 414-8121

Kokuritsu Tokyo Daini Byôin
(alle Fachrichtungen) (Plan S. 64/2)
2-5-1 Higashigaoka, Meguro-Ku, Tokyo
152, ☎ 411-0111

Nisseki Hospital
(Red Cross) (Plan S. 63/3)
150 Tokyo, Shibuya-Ku, Hiroo 4-1,
☎ 400-1311
Dr. Amenomori (Mr.) / Dr. Usman (Ms.) (Gynäkologen)

Shôwa Daigaku Byôin
(alle Fachrichtungen)
1-5-8 Hatanodai, Shinagawa-Ku, Tokyo,
☎ 784-8000

Tokyo Toritsu Hiroo Byôin (Plan S. 63/2)
(alle Fachrichtungen)
2-34-10 Ebisu, Shibuya-Ku, Tokyo, ☎ 444-1181

2. Ärzte

Allgemeinpraxis / Innere Medizin	➝	Nai-ka
Kinderarzt	➝	Shôni-ka
Gynäkologie/Geburtshilfe	➝	Sanfujin-ka
Augenarzt	➝	Gan-ka
Hals-Nasen-Ohren-Arzt	➝	Jibi-ka
Hautarzt	➝	Hifu-ka
Orthopädie	➝	Seikeige-ka
Zahnarzt	➝	Shi-ka (haisha)

Medizinische Betreuung

I. Allgemeinpraxis / Innere Medizin

Dr. med. Annerose Akaike (deutsch)
(Plan S. 28/4)
7-5-56 Akasaka, Minato-Ku, Tokyo 107,
☎ Praxis: 584-1727, privat: (0468) 71-4294

Dr. Eugene Aksenoff (englisch)
106 Tokyo, Minato-Ku, Azabudai 1-5-9,
☎ 583-7831, privat: 449-9203

Dr. A. Alinbay (engl./türk.)
Yokohama, 254 Yamashita-Chô 31-1,
☎ (045) 681-2113

Dr. Ishikawa
Tokyo, Minato-Ku, Nishi Azabu 3-2-7,
Azabu Sakurada Heights 201, ☎ 479-0081
oder ☎ 401-6240 (24 Stunden)

Dr. Theodor King (englisch)
Tokyo, Shibuya-Ku, Jingûmae 6-31-21,
☎ 400-7917

Prof. Dr. med. M. Nagano
(deutsch / tel. Vereinbarung)
6-41-2 Aoto, Katsushika-Ku, Tokyo,
☎ 603-2111 (Apparat 234)

National Health Clinic (Plan S. 14/3)
106 Tokyo, Minato-Ku, Minami Azabu 4-5-2 / National Azabu Apartments 5 F,
☎ 473-2057 (mit Voranmeldung)

Tokyo Medical and Surgical Clinic
(Plan S. 52/1)
(englisch, verschiedene Fachrichtungen)
3-4-30 Shiba-Kôen, Minato-Ku, Tokyo,
Mori-Building 32, ☎ 436-3028 (telefonische Vereinbarung)

Dr. Yamataka (engl.)
Yokohama, Isogo-Ku, Okamura 1-1-21,
☎ (045) 751-2269

II. Augenheilkunde

Inoue Eye Hospital (englisch)
4-3-4 Kanda Surugadai, Chiyoda-Ku,
Tokyo 101, ☎ 295-0911

Dr. Ch. Moriyama (deutsch)
3-13-12 Sotokanda, Chiyoda-Ku, Tokyo
101, Moriyama Building 2. Stock,
☎ 251-3938
ab September/Oktober 1989 bitte neue Adresse erfragen!

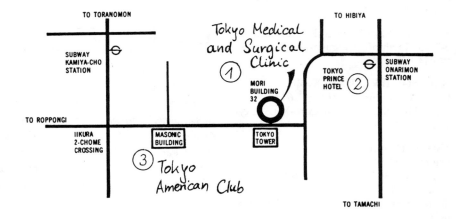

Ärzte

III. Gynäkologie / Geburtshilfe / Geburtsvorbereitung

Gynäkologie / Geburtshilfe

Dr. Chen-Egawa (engl./chin.)
Yokohama, Naka-Ku, Hongo-Chô 1-29,
☎ (045) 623-8153

Dr. Ojiai, Kazunori (englisch)
Adresse siehe unter Jikei Daigaku Byôin, Seite 51 ☎ 433-1111
Ehemann darf bei der Geburt dabeisein.

Dr. Okamura – Tokyo OB Clinic (englisch)
6-5-30 Kita Shinagawa, Shinagawa-Ku, Tokyo 141,
☎ 442-4103, ☎ nachts: 447-3030
ambulante Behandlung, einige Klinikbetten, in der Nähe der Kreuzkirche

Dr. Sakamoto
Adresse siehe unter Tokyo Medical and Surgical Clinic, Seite 52

Sannô Clinic (Plan S. 28/5)
(Adresse s.u. Kinderheilkunde, Seite 54)
Frauenheilkunde: Dr. Nozue (englisch)

St. Luke's Hospital (Seite 48)
Frauenheilkunde: Dr. Itô

Dr. Tojo Ryotarô
233 Yokohama, Kônan-Ku, Maruyamadai 2-34-7, ☎ (045) 843-1121

Tokyo Women's Clinic (englisch)
6-1-20 Roppongi, Minato-Ku, Tokyo 106,
☎ 408-6950

Geburtsvorbereitung

Ishii Chikako
☎ 337-2101
Parent's Effectiveness Training

Louise Shimizu
(Geburtsvorbereitung nach Lamaze)
171 Tokyo, Toshima-Ku, Minami Ikebukuro 4-3-4, ☎ 986-3526

Medizinische Betreuung

Tanaka Women's Clinic
☎ 718-3181

Tokyo Baptist Church (Seite 26)
Parenting / Babycare Classes,
☎ 461-8439/25

IV. Hals-Nasen-Ohren

Dr. Aramaki, Hajime (deutsch)
am Tokyo Joshii Igaku Daigaku Daini Byôin, nur nach telefonischer Vereinbarung.
☎ 810-1111

Dr. Aramaki, Masako
1-64-10 Yamato-Chô, Nakano-Ku, Tokyo,
☎ 337-0198

Dr. Fukushima, Jinzô (englisch)
Yokohama, Naka-Ku, Onoe-Chô 6-90,
☎ (045) 681-7389

Dr. Hayashi, Nakameguro Jibiinkôka (deutsch)
2-2-11 Kamimeguro, Meguro-Ku, Tokyo 153, ☎ 713-5337

Dr. Hazeyama, Hazeyama Jibiinkôka Iin (deutsch)
1-18-7 Komazawa, Setagaya-Ku, Tokyo 154, ☎ 422-1326

V. Hautärzte

Dr. Arai (telef. Vereinbarung)
1-27-2 Tairamachi, Meguro-Ku, Tokyo,
☎ 723-2467

Kita Aoyama Clinic
107 Tokyo, Minato-Ku, Kita Aoyama 1-4-3, ☎ 404-9874

Dr. Satô (etwas Englisch)
2-19-8 Sannô, Ôta-Ku, Tokyo, ☎ 775-3161

VI. Kinderärzte

Dr. A. Amano / Amano Shônika Iin (deutsch)
Kita Aoyama, Minato-Ku, Tokyo, Daiichi Aoyama Buidling, ☎ 404-8770

Dr. K. Inoue
Tokyo, Ôta-Ku, Sannô 3-30-2, ☎ 771-2514

Sannô Clinic (Plan S. 28/5)
(engl., ambulant und stationär)
Kinderheilkunde: Dr. Ogata, Dr. Sakamoto, 8-5-35 Akasaka, Minato-Ku, Tokyo,
☎ 402-3151/5
Nur mit Voranmeldung, keine Krankenkassen.

VII. Orthopädie

Dr. Nagura / Nagura Orthopädische Klinik (nur japanisch)
2-4-1 Nihonbashi Muromachi, Chûô-Ku, Tokyo 103, ☎ 279-1818

Nagura International Clinic
Dr. med. K. Nagura (deutsch)
150 Tokyo, Shibuya-Ku, Hiroo 4-1-11, Hiroo Garden Hills, ☎ 499-1818

VIII. Zahnärzte

Amano Dental Clinic (englisch)
1-18-13 Shinbashi, Minato-Ku, Tokyo, Kyôwa Bldg. 1. Stock, ☎ 501-0883

Aoyama Dental Clinic (englisch)
1-7-8 Shibuya, Shibuya-Ku, Tokyo 150, Asahi Seimei Bldg. 3. Stock, ☎ 407-7090

Aoyama Mansion Dental Clinic (englisch)
3-8-38 Minami Aoyama, Minato-Ku, Tokyo 107, Aoyama Mansion 2. Stock,
☎ 408-3501

Ärzte

Dr. Funaki
Yokohama, Naka-Ku, Yamashita-Chô 2. Sangyô Byôki Center Bldg. 3 F,
☎ (045) 671-7174

Ginza Centre Dental Office
104 Tokyo, Chûô-Ku, Ginza 8-8-11,
☎ 574-8241

Dr. Ikawa (englisch)
2-5-3 Sannô, Ôta-Ku, Tokyo, ☎ 775-0071

Dr. Peter Kawada (englisch)
Union Dental Clinic, Yokohama, Naka-Ku, Aioi-Chô 1-15, ☎ (045) 651-2779

M. Kobayashi D.D.S (englisch)
Tokyo, Ôta-Ku, Sannô 2-5-13 / Sannô Kitaguchi Bldg. 6 F, ☎ 777-1418

Dr. Kubô / Empire Dental Clinic
(englisch)
28 Daikyô-Chô, Shinjuku-Ku, Tokyo 160,
☎ 356-2910 oder 356-2926

Dr. K. Mori (englisch)
1-63-2 Okusawa, Setagaya-Ku, Tokyo 158,
☎ 728-5011

Mukunoki Dental Office)
100 Tokyo, Chiyoda-Ku, Uchisaiwai-Chô 2-2-1, Nippon Press Center Bldg.,
☎ 501-7678/9

Naitô Dental Office (englisch)
1-9-13 Akasaka, Minato-Ku, Tokyo 107, Sankaido Bldg., B 1, ☎ 586-7055

Dr. T. Ono / Royal Dental Clinic
(englisch)
4-10-11 Roppongi, Minato-Ku, Tokyo 106, Komuro Bldg. 2. Stock, ☎ 404-0819

Takekoshi Dental Clinic (englisch)
24-8-204 Jingûmae, Shibuya-Ku, Tokyo 150, ☎ 461-3655

Dres. Teraki, Masako und Mamoru
(englisch)
Yokohama, Naka-Ku, Yamate-Chô 103,
☎ (045) 622-9455
Zahnärzte und Kieferorthopäden

IX. Kinderzahnärzte

Shôni Clinic (englisch)
1-29-2 Shinjuku, Shinjuku-Ku, Tokyo 160, Shôni Clinic Bldg., ☎ 354-0204 oder 351-1686

Dr. Ochiai / Ochiai Shôni Shika
(deutsch/englisch)
1-4 Yotsuya, Shinjuku-Ku, Tokyo 160, Nohara Bldg. 3. Stock, ☎ 353-1619

X. Kieferorthopäden / Spangenärzte

Dr. Shimamoto / Sophia Orthodontic Clinic (englisch)
5-16-52 Roppongi, Minato-Ku, Tokyo 106,
☎ 582-8185

Dr. Sugahara, Isamu (englisch)
Yokohama, Naka-Ku, 10-29 Yamate-Chô 184, ☎ (045) 621-1340

Dr. Yano / Takahashi Orthodontic Clinic
(englisch)
16-8 Udagawa-Chô, Shibuya-Ku, Tokyo 150, Shibuya Center Bldg. 4. Stock,
☎ 464-4594

F. Yogosawa (englisch)
5-3-10 Minami Aoyama, Minato-Ku, Tokyo 107, ☎ 499-3441

Medizinische Betreuung

XI. Vorsorgeuntersuchungen

National Cancer Center Hospital / **Kokuritsu Gan Center** (Plan S. 56/1)
5-1-1 Tsukiji, Chûô-Ku, Tokyo 104, ☎ 542-2511

Keiô Health Counseling Center
(Keiô University Annex)
30 Daikyô-Chô, Shinjuku-Ku, Tokyo 160, ☎ 353-1211
One Day Check (Ningen Dokku), Anmeldung mindestens 1 Monat vorher.

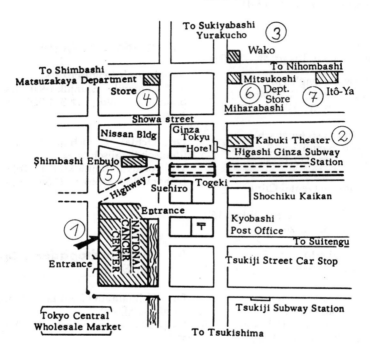

XII. Impfzentren

Hibiya Clinic (englisch)
1-1-2 Yûraku-Chô, Chiyoda-Ku, Tokyo, Hibiya Mitsui Bldg. B, ☎ 502-2681

Kenekijo
3-9-35 Kônan, Minato-Ku, Tokyo,
☎ 471-7922

Miyairi Clinic
(englisch / nur nach Voranmeldung)
2-20-1 Yûraku-Chô, Chiyoda-Ku, Tokyo, Kôtsu Kaikan Bldg. 2. Stock, ☎ 214-1511

Yokohama Kenekijo
(Impfzentrum / Quarantänestation)
Yokohama, Naka-Ku, Kaigandôri 1-1 (beim South Pier), ☎ (045) 201-4456/7

XIII. Chiropraktik

Tokyo Chiropractic Center (englisch)
Dres. H. & K. Takeyachi, 3-5-9 Kita Aoyama, Minato-Ku, Tokyo 107,
☎ 478-2713

Apotheken/Tierärzte

XIV. Akupunktur / Shiatsu

Kurhaus Kôjimachi
4-2-12 Kôjimachi, Chiyoda-Ku, Tokyo,
☎ 262-7561
Akupunktur- und Shiatsubehandlungen. Herr Imai, der Leiter, spricht etwas Deutsch.

Heiwajima Kurhaus
1-1-1 Heiwajima, Ôta-Ku, 143 Tokyo,
☎ 768-9121

3. Apotheken
in denen Englisch gesprochen wird.

Im allgemeinen erhält man direkt vom Arzt nach der Konsultation die nötigen Medikamente.

American Pharmacy (Plan S. 72/2 oder 75/3)
1-8-1 Yûraku-Chô, Chiyoda-Ku, Tokyo 100, Hibiya Park Bldg. 1. Stock,
☎ 271-4034

Azabu Drugs (Plan S. 14/3)
(im National Azabu Supermarket))
3-24-22 Nishi Azabu, Minato-Ku, Tokyo,
☎ 405-4362

Hill Pharmacy
4-1-6 Roppongi, Minato-Ku, Tokyo 106,
☎ 583-5044

4. Tierärzte / Informationen für Tierliebhaber

Wichtiger Hinweis für Hundebesitzer
Nach 3 Monaten muß Ihr Hund beim sogenannten ‚Hokenjo' angemeldet werden. Erkundigen Sie sich darüber bei Ihrem zuständigen Ward-Office. Außerdem muß der Hund alle 6 Monate gegen Tollwut geimpft werden. Von Mai bis November ist es ratsam, dem Hund Herzwurmpillen zu geben.

und für Katzenfreunde
Bevor Sie eine der zahlreichen hilf- und heimatlosen Tiere aus Tokyos Straßen aufnehmen, sollten Sie wissen, daß die Sterilisation einer Katze zwischen 15 000 und 20 000 ¥ kostet.
Herrenlose Tiere können Sie übrigens bei der nächsten Polizeistelle abgeben. Lesen Sie zu diesem Abschnitt bitte auch die Anmerkungen „Einfuhr von Tieren" (Seite 10).

Tierärzte

American Animal Hospital and Hotel
Tokyo, Chôfu-Shi, Kamiishihara 1-13-1,
☎ (0424) 82-1441

Daktari Tierklinik
Tokyo, Suginami-Ku, Kugayama 3-7-27,
☎ 334-3536 / 334-1286 oder
Tokyo, Meguro-Ku, Ôhashi 1-4-3,
☎ 496-2203

Futami Jûika Iin (Dr. med. vet. Futami)
Yokohama, Kanagawa-Ku, Matsumoto-Chô 3-27-4, ☎ (045) 324-0038

Dr. Itô (Tierarzt)
Tokyo, Minato-Ku, Nishi Azabu 3-2-15,
☎ 408-3639

Dr. T. Kobayashi (Tierarzt und Tierklinik)
Tokyo, Minato-Ku, Minami Aoyama 6-8-1,
☎ 400-5737

Nabe-Tierklinik
Tokyo, Meguro-Ku, Okayama 1-3-6,
☎ 717-5771

Okuno-Tierklinik
Tokyo, Meguro-Ku, Nakameguro 4-16-14,
☎ 793-3184

Omotesandô-Tierklinik
Tokyo, Shibuya-Ku, Jingûmae 6-29-2,
☎ 409-6512

Medizinische Betreuung

Dr. Ozawa
(Tierärzte / Tierklinik / Tierhotel)
Tokyo, Meguro-Ku, Komaba 1-5-10,
☎ 469-1137 oder
Tokyo, Setagaya-Ku, Kyûden 3-27-10,
☎ 308-6547

Yamate-Tierklinik
Tokyo, Ôta-Ku, Sannô 2-5-9, ☎ 771-1313 / 771-5773

Dr. Yoda (engl. / Tierklinik und Tierhotel)
Yokohama, Naka-Ku, Honmokusan no Tani 71, ☎ (045) 621-0503

Yokohama Inu / Neko Shinryô Center
(Dr. Kosuge)
Yokohama, Isogo-Ku, Okamura 5-6-1,
☎ (045) 753-1515 / 753-1110
Tierklinik / Hunde- und Katzenhotel

Tierschutz / Tiervermittlungsstelle

Japan Animal Welfare Society (JAWS)
(Shadan Hôjin Nippon Dôbutsu Fukushi Kyôkai)
106 Tokyo, Minato-Ku, Moto Azabu 3-1-38, 7A No. 5 Tanizawa Bldg.,
☎ 405-5681 / 405-5652 / 478-1945
Bürozeiten Mo.–Fr. 10.00–12.00 Uhr und von 13.00–17.00 Uhr. Man spricht sehr gut Englisch, und Sie können jederzeit telefonisch Informationen einholen, z.B. über Import / Export von Tieren, Registrierung der Hunde beim Ward-Office oder Impfungen.

Vermittlungsstelle für herrenlose Tiere
(Kein Tierheim!)
Tokyo, Minato-Ku, Minami Aoyama 7-8-1, Odakyû Minami Aoyama Bldg.,
☎ 409-1821
Hier kann man sich ein Tier vermitteln oder besorgen lassen, jedoch kein zugelaufenes Tier abgeben.

Tierasyl Yokohama (Inuyokuryûjo)
Yokohama, Naka-Ku, Kamome-Chô 31,
☎ (045) 621-1559

_____ Hinweis _____
Wer ein Haustier bei sich aufnehmen möchte (auch zeitweise), preisgünstige Tierärzte sucht oder sich für Tierschutz interessiert, wende sich bitte an:
Frau Dr. Renate Herold, ☎ (0425) 83-2908

(E) Einkäufe

Gönnen Sie sich einmal den Luxus, morgens als Erste ein Kaufhaus zu betreten!

1. Kaufhäuser

Daiei Meguro (Plan S. 59)
4-1-1 Himonia, ☎ 710–1111, 10.00–19.00 Uhr, Mittwoch Ruhetag

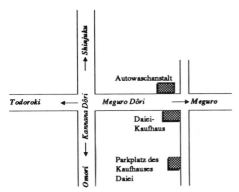

Daimaru Tokyo (Plan S. 36/13)
1-9-1 Marunouchi, ☎212-8011, 10.00–19.00 Uhr, Mittwoch Ruhetag
engl. Führer

Daishin Ômori (Plan S. 65/1)
3-6-3 Sannô, ☎773-1721, 10.00–19.00, Dienstag Ruhetag

Hankyû Yûraku-Chô (Plan S. 36/14)
2-5-1 Yuraku-Chô, ☎575-2233, 10.00–19.00 Uhr, Donnerstag Ruhetag

Isetan Shinjuku (Plan S. 50/2 oder 62/2)
3-14-1 Shinjuku, ☎352-1111, 10.00–18.00 Uhr, Mittwoch Ruhetag
Führer in englisch, Extrapersonal für Ausländer

Keiô Shinjuku (Plan S. 50/3)
1-1-4 Nishi Shinjuku, ☎ 342-2111, 10.00–18.00 Uhr, Donnerstag Ruhetag
engl. Führer, engl. sprechendes Personal trägt rotes Abzeichen

Matsuya Ginza (Plan S. 36/15)
3-6-1 Ginza, ☎567-1211, 10.00–19.00 Uhr, Donnerstag Ruhetag
engl. Führer, engl. sprech. Pers. trägt Abzeichen ‚English spoken'

Einkäufe

Matsuzakaya Ueno
3-2 Ueno, ☎823-1111, 10.00–18.30 Uhr, Mittwoch Ruhetag
engl. Führer

Mitsukoshi Hauptges. (Plan S. 36/16)
1-4-1 Nihonbashi, ☎241-3311, 10.00–18.30 Uhr, Montag Ruhetag
engl. Führer, engl. sprech. Pers. trägt Abzeichen ‚I speak English'

Mitsukoshi Ginza (Plan S. 56/6)
4-6-16 Ginza, ☎562-1111, 10.00–19.00 Uhr, Montag Ruhetag
engl. Führer, engl. sprech. Pers. trägt Abzeichen ‚I speak English'

Odakyû Shinjuku
1-1-3 Nishi Shinjuku, ☎342-1111, 10.00–18.00 Uhr, Donnerstag Ruhetag
engl. Führer

Primo (Plan S. 65/3)
1-6-16 Ômori Kita, ☎763-3351, 10.00–18.00 Uhr, Donnerstag Ruhetag

Quelle (Plan S. 74/3)
bei Matsuzakaya/Ginza

Rarapoto
2-1-1 Hama-Chô, Funabashi-Shi Funabashi, ☎(0474)33-5111
großes Einkaufszentrum neben der Autobahn nach Narita

Sunshine City
Higashi Ikebukuro 3-1-1, 10.00–18.00 Uhr, ☎988-3331
großes Einkaufszentrum

Seibu Yûraku-Chô (Plan S. 36/14)
2-5-1 Yûraku-Chô, ☎286-0111, 10.00–19.00 Uhr, Donnerstag Ruhetag
engl. Führer, Fremdsprachen sprechendes Personal trägt Abzeichen

Seibu Shibuya (Plan S. 73/2)
21-1- Udagawa-Chô, Shibuya-ku, ☎462-0111, 10.00–19.00 Uhr, Mittwoch Ruhetag
engl. Führer, engl. sprechendes Personal trägt Abzeichen

Seibu Ikebukuro
1-28-1 Ikebukuro, ☎981-0111, 10.00–19.00 Uhr, Donnerstag Ruhetag

Sôgô Tokyo (Plan S. 36/17)
1-11-1 Yûraku-Chô, ☎ 284-6711, 10.00–19.00 Uhr, Dienstag Ruhetag
engl. Führer

Takashimaya Tokyo (Plan S. 36/18)
2-4-1 Nihonbashi, ☎211-4111, 10.00–18.30 Uhr, Mittwoch Ruhetag
engl. Führer

Takashimaya Tamagawa
3-17-1 Tamagawa, ☎709-2222, 10.00–9.00 Uhr, Mittwoch Ruhetag
engl. Führer

Tôkyû Hauptges. (Plan S. 73/3)
2-23-1 Dôgenzaka, ☎477-3111, 10.00–19.00 Uhr, Donnerstag Ruhetag
engl. sprech. Personal trägt Abzeichen ‚May I help You?'

Tôkyû Nihonbashi (Plan S. 36)
1-4-1 Nihonbashi, ☎211-0511, 10.00–18.30 Uhr, Donnerstag Ruhetag
engl. Führer

Wakô Ginza (Plan S. 56/3)
4-5-11 Ginza, ☎562-2111, 10.00–17.30 Uhr, Sonntag u. national. Feiertage geschl.

Anmerkungen

Otto Versand
☎ 291-0010
Europäische Mode in den Größen 34-38 erhältlich über die japanischen Kataloge von OTTO-Sumishu.

Tokyo Oroshiuri Center (TOC)
Tokyo, Shinagawa-Ku, Nishi Gotanda 7-22-17, ☎ 494-2111
TOC ist eigentlich ein Einkaufszentrum für Wiederverkäufer. Manchmal veranstalten jedoch die großen Kaufhäuser dort Billigverkäufe.

Foreign Customers Liaison Office
In den unten aufgeführten Seibu Kaufhäusern gibt es einen Seibu-Service-Club für ausländi-

sche Kunden, die Einkaufsprobleme haben. Die Mitgliedschaft ist kostenlos. Außerdem erhalten Sie monatliche Informationen über Seibu-Aktivitäten wie: Sales, Reisen und Ausstellungen.
Seibu Yûraku-Chô, ☎ 286-5482
Seibu Shibuya, ☎ 462-3848
Seibu Arc Hills, ☎ 584-2454
Ebenfalls ein Büro mit ähnlichem Service für ausländische Kunden hat das Isetan-Kaufhaus in Shinjuku.
IClub, ☎ 356-4311

2. Supermärkte/ Lebensmittel

		No. 7	
1	本場イタリア最高級の手作りの味を是非おためし下さい		
2	品　名	スパゲッティ	調理方法
3	原材料名	デュラム小麦のセモリナ	おいしいスパゲッティ作りのコツはボイルのしかたです。まず、500g（5人分）のスパゲッティに対して、約5ℓのお湯を過度の塩を加え沸騰させます。その中にスパゲッティを入れ、細いサイズ（N.4タイプ）は約6〜7分、又太いサイズ（N.7、18タイプ）及びマカロニに約8〜10分程ボイルをして、やわらかさを確めてお湯をきります。腰の強い当社のスパゲッティは、シコシコした歯ごたえを充分にお楽しみ頂けます。
4	内　容　量	500 g	
5	製造年月日	昭和61年4月9日	
6	調理方法	右欄に記載	
7	原産国名	イタリア	
	輸入者・		
8	賞　味　期　間	製造後30日	
9	保　存　方　法	10℃以下で保存すること	
10	使用上の注意	開封後は早目にお召しあがりください。	

Beispiel für einen Aufkleber, wie Sie ihn auf vielen Lebensmittelpackungen finden können:
1) Name des Produkts
2) Zutaten
3) Inhalt in Gramm oder ccm
4) Herstellungsdatum
5) Zubereitung
6) Ursprungsland
7) Importeur
8) Haltbarkeitsdatum / Haltbarkeitsdauer
9) Lagerungshinweise
10) Beim Gebrauch zu Beachtendes

Hinweis
Alle großen Kaufhäuser haben eine sehr gute Lebensmittelabteilung.

Alte Liebe
Tokyo, Minato-Ku, Minami Aoyama 2-29-8, ☎ 408-3220
Brotsorten, Torten, auch auf Bestellung.

Alte Liebe Jiyûgaoka
Tokyo, Meguro-Ku, Jiyûgaoka 1-24-17, ☎723-0974

Aoyama Andersen
Tokyo, Minato-Ku, Minami Aoyama 5-1-24, ☎ 407-4833
Guter Kuchen und gutes Brot.

Bäckerei „K-B Keiji" (Plan S. 62)
Tokyo, Minato-Ku, Shirogane 6-5-7, ☎ 446-0954
Herr Keiji spricht gut Deutsch und liefert ins Haus, fertigt auch auf Bestellung an.

Einkäufe

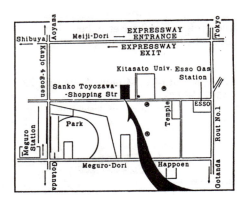

Eurasien Delicatessen (Plan S. 62/4)
Tokyo, Minato-Ku, Roppongi 4-11-10,
☎ 401-8325

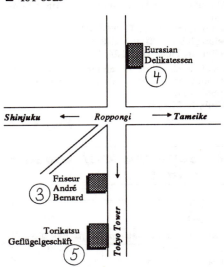

Benten Supermarkt (Plan S. 62/1)
102 Tokyo, Shinjuku-Ku, Wakamatsu-Chô 16-2, ☎ 202-2421
Großhandel für Lebensmittel aller Art in Dosen, Kartons und Gläsern. Schickt auf Bestellung ins Haus, Preisliste telefonisch erhältlich.

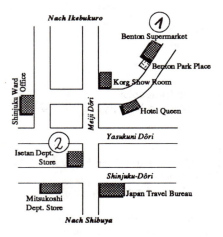

Farmland Corp. / Freezer Club
106 Tokyo, Minato-Ku, Higashi Azabu 1-23-2, ☎ 585-5341/2
Sie können dort günstig einmal probeweise gefrorene Fleisch- und Wurstwaren einkaufen, ohne Mitglied zu sein. Danach beträgt der Jahresbeitrag z.Z. 10 000 ¥. Lassen Sie sich einen Prospekt zuschicken.

Tokyo Freundlieb (Plan S. 63/1)
Tokyo, Shibuya-Ku, Hiroo 5-1-23, ☎ 473-2563
Stollen, Weihnachtsgebäck, Brot, frischer Blätterteig, frische Hefe.

Fujiya (Bäckerei) (Plan S. 65/4)
Tokyo, Ôta-Ku, Sannô 2-3-3, ☎ 771-2325
Deutsches Brot und deutscher Kuchen. Herr Berend, der Bäcker, spricht Deutsch und backt auch auf Bestellung.

Hinô (Bäckereibedarf) (Plan S. 64/1)
152 Tokyo, Meguro-Ku, Yagumo 2-19-17,
☎ 718-5401/3

Denen Supermarkt
(Filiale von National Azabu)
Tokyo, Setagaya-Ku, Tamagawa Denen-Chôfu 2-6-21, ☎ 721-4161

Supermärkte / Lebensmittel

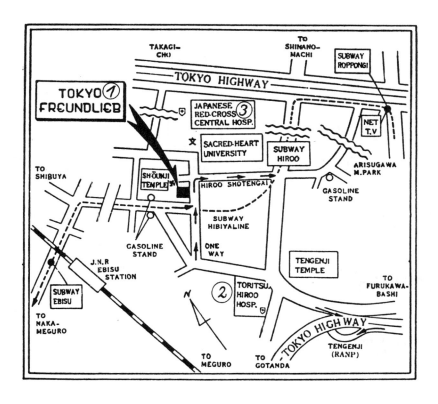

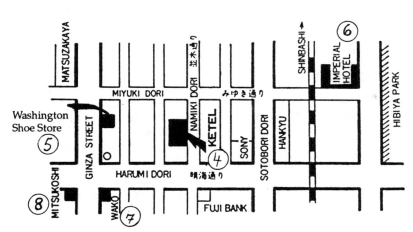

Einkäufe

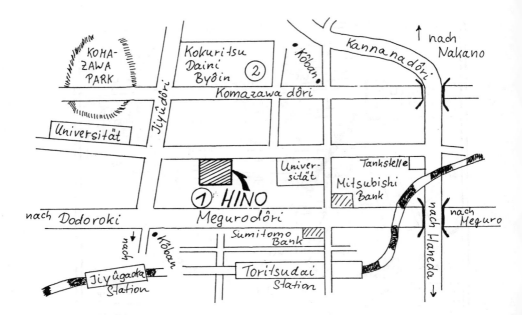

Ikeden (Bäckereigroßhandlung)
Tokyo, Ôta-Ku, Heiwajima 5-5-13, ☎ 767-0141

Ikeden „La Chère"
(Bäckereieinzelbedarf)
105 Tokyo, Minato-Ku, Shinbashi 2-12-5
☎ 503-0980

Kadoya Supermarkt (Plan S. 65/2)
(westlich orientiert)
Tokyo, Ôta-Ku, Sannô 3-1-5, ☎775-3311

Kanekyû Chikusan
108 Tokyo, Minato-Ku, Kônan 2-4-18,
☎ 471-3807 oder 474-3205
Preisgünstiger Fleischgroßhandel, der auch in kleinen Mengen abgibt.

Ketel (Deutsche Feinkost) (Plan S. 63/4)
Tokyo, Chûô-Ku, Ginza 5-5-14, ☎ 571-5056

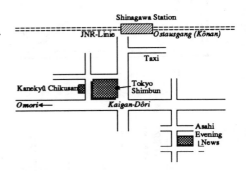

Kinokuniya Supermarket
Tokyo, Minato-Ku, Aoyama 3-11-7,
☎ 409-1231
Kinokuniya hat mehrere Filialen, u.a. auch in Kamakura

Kirn (Fleischwaren)
Tokyo, Shinagawa-Ku, Minami Ôi 6-27-25,
☎ 768-1211

Supermärkte/ Lebensmittel

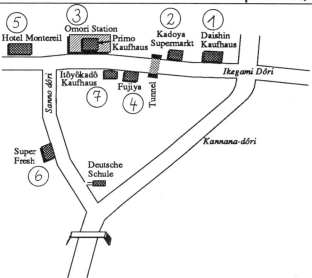

Little Mermaid
Tokyo, Shibuya-Ku, Udagawa-Chô 22-4,
☎ 462-5880

Meiji-Ya (Supermarktkette) (Plan S. 14/5)
Tokyo, Shibuya-Ku, Hiroo 5-6-6,
☎ 444-6221
Gutes Sortiment an importierten Lebensmitteln, besonders Dosen.

Nakadai Shôten (Käse)
Tokyo, Taitô-Ku, Ueno 4-7-8, ☎ 831-9470
oder 833-5218
Liefert bei telefonischer Bestellung den Käse ins Haus.

National Azabu Supermarket (Plan S. 14/3), Tokyo, Minato-Ku, Minami Azabu 4-5-2, ☎ 442-3181
Importierte Lebensmittel, gutes Sortiment an Alkoholika, gute Fleischabteilung, frische Kräuter.

Nisshin Meat Products Co., Ltd.
Tokyo, Minato-Ku, Higashi Azabu 2-34-1,
☎ 582-2941
Fleisch- und Wurstgroßhandel. Kauf in kleineren Mengen ist möglich.

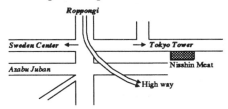

Niuke Center (Fleischgroßhandel)
Tokyo, Ôta-Ku, Kônan 5-1-27, ☎ 472-1314
Bitte fordern Sie eine Preisliste an. Das Fleisch wird dann ins Haus geliefert.

Ôji Service Center
Tokyo, Chûô-Ku, Ginza 4-7-5, Ôji Bldg.,
☎ 561-1211
Geräucherter Lachs, Aal, Forellen.

Einkäufe

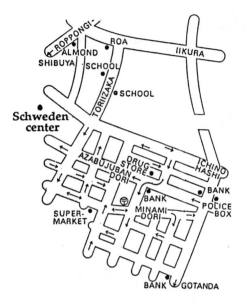

Peacock (Supermarkt mit etwa 20 Filialen)
Tokyo, Minato-Ku, Minami Aoyama 3-1-34-101, ☎ 404-6661
Tokyo, Meguro-Ku, Jiyûgaoka 2-15-4, ☎ 718-9761

Regensmeier Hiroo Ten
106 Tokyo, Minato-Ku, Minami-Azabu 5-1-27, ☎ 446-5154

Rosenheim / Eben (Plan S. 65/3)
(Deutsche Wurst)
im Primo-Kaufhaus Ômori/Untergeschoß, Tokyo, Ôta-Ku, Ômori Kita 1-6-16, ☎ 764-3203

Scandi Food Shop (Plan S. 66)
(im Sweden Center Bldg.)
106 Tokyo, Minato-Ku, Roppongi 6-11-9, ☎ 403-5171
Importierte Lebensmittel aus Skandinavien. Man spricht Schwedisch und Englisch.

Shell Garden Supermarket
Tokyo, Meguro-Ku, Jiyûgaoka 2-23-1, ☎ 718-6481

Fleischwaren Steinhaus GmbH & Co. KG (Plan S. 72/7)
100 Tokyo, Chiyoda-Ku, Yûraku-Chô 2-1-8, ☎ 595-0417
Delikate Wurstwaren. Man spricht nur wenig Englisch.

Super Fresh (Lebensmittel) (Plan S. 65/6)
Tokyo, Ôta-Ku, Sannô 1-41-5, ☎ 774-3601

Torikatsu (Plan S. 62/5)
Tokyo, Minato-Ku, Roppongi 5-2-5, ☎ 402-6311

Tori Shige
Tokyo, Shinjuku-Ku, Yotsuya 3-4-6, ☎ 351-0496 oder 357-0651
Frisches Geflügel aller Art.

Deutscher Wein

Internationaler Weinimport
Tokyo, Minato-Ku, NSS Bldg. 5 F, Kônan 2-13-31, ☎ 458-4738/9

Pieroth Japan K.K.
Tokyo, Minato-Ku, Kônan 2-13-31, ☎ 458-4455

3. Reformhäuser / Health Food

Natural House (Reformhaus) (Plan S. 67)
Tokyo, Meguro-Ku, Jiyûgaoka 1-13-14, ☎ 718-1738

Tensu Food (John Bayles)
357 Saitama-Ken, Hannô-Shi, Inari-Chô 11-14, ☎ (04297) 4-3036
Liefert frische Müsli.

Reformhäuser / Health Food

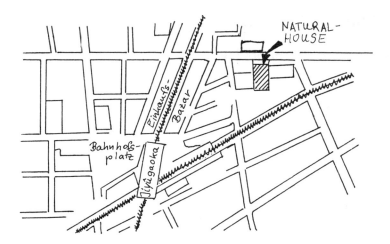

Shizen Shokuhin Center
150 Tokyo, Shibuya-Ku, Jinnan 1-10-6,
☎ 496-7100
Unbehandelte Lebensmittel. Fordern Sie die Preisliste an. Bestellung telefonisch. Nur Japanisch.

Ozawa Japan Co. Ltd.
(Macrobiotic Foods)
173 Tokyo, Itabashi-Ku, Komone 5-4,
☎ 958-7112
Biologisch angebautes Gemüse, gutes Brot, unbehandelte Lebensmittel, Weizen. Telefonische Bestellung und Lieferung ins Haus ist möglich. Bei Hauslieferung muß im voraus der Betrag bei der Post auf das Konto Tokyo Nr. 6-20172 überwiesen werden. Die Lieferung dauert etwa 8-10 Tage. Englisch.
Direktverkauf von 10.30–18.30 Uhr in:

Higashi Kitazawaten
151 Tokyo, Shibuya-Ku, Ôyama-Chô 11-5,
☎ 465-5021, Donnerstag und nationale Feiertage geschlossen.

Peanuts House
177 Tokyo, Nerima-Ku, Kamishakujii 3-28-9, ☎ 920-1589
Nur tel. Bestellung mittwochs zwischen 9.00–10.00 Uhr. Reichhaltiges Angebot an biolog. angebautem Obst und Gemüse, Weizenvollkornmehl. Nur Japanisch.

Inakaya Co.
Tokyo, Itabashi-Ku, Takashimadaira 5-13-6, ☎ 979-5461
Hauslieferung. Biolog. angebautes Obst und Gemüse, unbehandelte Lebensmittel. Bei Bestellungen bis 10 000 ¥ 10% Rabatt, über 10 000 ¥ 20%. Rabatt gibt es nicht auf Gemüse.

CO-OP
Alle CO-OP-Läden führen biolog. angebautes Obst und Gemüse, das speziell gekennzeichnet ist. Hauslieferung erfolgt bei gemeinsamer Bestellung von mehreren Familien 1mal pro Woche. Mitgliedschaft verpflichtend, z.Z. 5 000 ¥ einmalig, Anmeldung möglich in jedem Laden oder ☎ 745-1234. Auch telefon. Bestellung ist möglich.

Torigoe Flower Milling Co. Ltd.
839-13   Fukuoka-Ken,   Yoshii-Machi,
☎ (09437) 5-3121
Mühle, die in großen Mengen Roggen liefert.

4. Kleidung / Schmuck

I. Damen- und Herrenbekleidung

Größentabellen

Damenoberbekleidung

Japan	9	11	13	15	17	19	21
England	32	34	36	38	40	42	44
Europa	38	40	42	44	46	48	50

Herrenoberbekleidung

Japan	S		M		L	LL
England	34	36	38	40	42	44	46
Europa	44	46	48	50	52	54	56

Oberhemden / Kragenweite (ungefähre Größenvergleiche)

Japan	36	37	38	39 ~ 40	41	42	43	44
England	14	14½	15	15½	16	16½	17	17½
Europa	36	37	38	39 40	41	42		

Waschen	Wringen und Schleudern	Trocknen	Handwäsche	Bleichen
Waschen bei max. 40°C	Kurz schleudern oder leicht auswringen	Im Schatten aufhängen	Handwäsche bis zu 30°C	Nicht bleichen

Reinigung	Bügeltemperaturen		
	schwach	mittel	heiß

Kleidung/Schmuck

Bültel (deutsche Herrenoberbekleidung)
Tokyo, Minato-Ku, Roppongi 3-1-26, Yanagi Bldg., ☎ 585-0181

Hanae Mori Boutique
Tokyo, Minato-Ku, Aoyama 3-6-1, Hanae Mori Bldg., ☎ 400-3301

Miriams Cottage
146 Tokyo, Ōta-Ku, Ikegami 4-5-12, ☎ 755-1982
Europäische Damenmode Größe 36-44

Miyake Issey (Damenoberbekleidung)
Tokyo, Minato-Ku, Minami Aoyama 5-3-10, ☎ 499-6476

Miyake Issey Men
Tokyo, Minato-Ku, Minami Aoyama 4-21-29, ☎ 423-1407

Perche
Tokyo, Shibuya-Ku, Sendagaya 1-20-3, Central Heights 1 F, ☎ 479-1006
Herrenbekleidung in großen Größen.

Yamamoto Kansai
Tokyo, Shibuya-Ku, Jingûmae 3-28-7, ☎ 478-1958

Herrenunterbekleidung in großen Größen finden Sie im **Isetan-Kaufhaus** in Shinjuku, speziell die Marken „Schießer" und „Jockey".

Maßanfertigung von Damen- und Herrenbekleidung

Ricky Sarani
Tokyo, Minato-Ku, Azabudai 3-3-12, ☎ 587-0468

Takachihô (jap.)
Tokyo, Nakano-Ku, Nakano 5-52-15, Nakano Broadway 1 F, ☎ 385-5671

II. Schuhe

Größentabellen

Damenschuhe

Japan	23	23½	24	24½	25	25½	26
England	4½	5	5½	6	6½	7	7½
Europa	36	37	38	38	38	39	40

Herrenschuhe

Japan	24½	25½	26	26½	27½	28	29
England	5	6	7	8	9	10	11
Europa	39	40	41	42	43	44	45

Diana Schuhe
Tokyo, Chûô-Ku, Ginza 6-9-6, ☎ 573-4001

Ten
Tokyo, Shinjuku-Ku, Nishi Shinjuku 7-8-13, ☎ 369-7511
(Spezialgeschäft für große Schuhe)

Washington Shoe Store Ginza
(Plan S. 63/5)
Tokyo, Chûô-Ku, Ginza 5-7-7, ☎ 572-5911
Schuhe in Übergrößen im 5. Stock. Im obersten Stockwerk Schuhreparaturservice.

Einkäufe

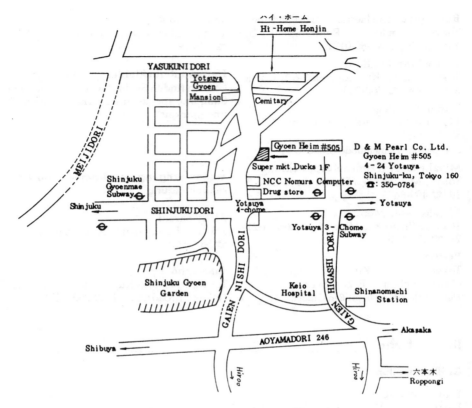

III. Schmuck

D & M Pearl Company, Ltd. (Plan s.o.)
(Frau Dillenburger)
Tokyo, Shinjuku-Ku, Yotsuya 4-24, Gyoen Heim 505, ☎ 350-0784

Takano Pearls
Palace Hotel Arcade ☎ 211-7007; Hotel Grand Palace ☎ 221-7007; Main Office ☎ 403-7007

Mikimoto Pearls
Hauptgeschäft Ginza, ☎ 535-4611
Außerdem finden Sie einen Laden in den Imperial Hotel Arcades, in den Okura Hotel Arcades und im Akasaka Tôkyû Hotel Plaza.

IV. Nähzubehör

Iwasaki Button
Tokyo, Minato-Ku, Roppongi 5-1-3, ☎ 401-6647
Nähzutaten, Knöpfe, Kurzwaren.

Kawamura Silk (Plan S. 36/19)
Tokyo, Chûô-Ku, Ginza 8-9-17, ☎ 572-0181
Große Auswahl an Seidenstoffen.

Yûzawaya
Tokyo, Ôta-Ku, Nishi Kamata 8-23-5, ☎ 738-4141 oder 734-0010
Nähzubehör, Stoffe, Wolle in großer Auswahl, verteilt auf mehrere Gebäude.

5. Einrichtung / Hausrat

Akachan Honpo (Tokyo Hauptgeschäft)
Tokyo, Chûô-Ku, Nihonbashi Bakuro-Chô 1-6-8, ☎ 662-7651
Bei Akachan Honpo können Sie alles kaufen, was Sie für ein Kind benötigen: Umstandskleidung, Babyzubehör, Kinderkleidung, Spielzeug, Toilettenartikel, Kindermöbel, Geschenkartikel usw.
Die Geschäfte von Akachan Honpo sind über ganz Tokyo verteilt. Sie können in jeder Filiale Mitglied werden und erhalten dann auf fast alle Artikel einen Rabatt von 20-40%. Der Mitgliedsbeitrag beträgt einmalig 2000 ¥; die Mitgliedschaft gilt 3 Jahre. Die Formalitäten für einen Beitritt dauern 10 Minuten und können nur im Geschäft getätigt werden. Fragen Sie über das Hauptgeschäft nach der Filiale in der Nähe Ihrer Wohnung.

Bunny Interiors Co. Ltd. (englisch)
Tokyo, Nerima-Ku, Hikarigaoka 7-3-4-201, ☎ 939-0831, 939-0889

Candle Shop Uehara (Plan S. 28/6)
(große Auswahl an Kerzen)
Tokyo, Minato-Ku, Minami Aoyama 1-10-5, Sai Aoyama Bldg., ☎ 403-9071

C.H. Company
(gebrauchte Elektrogeräte)
Tokyo, Minato-Ku, Shiba 5-5-10, ☎ 451-8291

Cycland Kôfû (Bridgestone)
142 Tokyo, Shinagawa-Ku, Ebara 4-6-4, ☎ 783-7881
Große Auswahl an Fahrrädern, auch an extra großen Exporträdern.

Fujii-Torii Co. Ltd. (Plan s.u.)
(Anfertigung von Lampenschirmen)
Tokyo, Shibuya-Ku, Jingûmae 6-1-10, ☎ 400-2777

HALC (Home And Living Center)
(Filiale des Odakyû-Kaufhauses)
Tokyo, Shinjuku-Ku, Nishi Shinjuku 1-5-1, ☎ 342-1111

Interior Imon (Plan S. 73/4)
Tokyo, Shibuya-Ku, Dôgenzaka 2-6-16, ☎ 462-1141
Anfertigung von Gardinen, Verlegen von Teppichböden, Tapeten, Polsterarbeiten, Schreinerarbeiten.

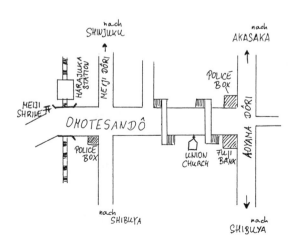

Einkäufe

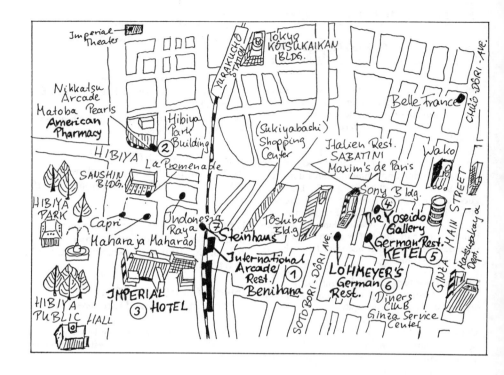

International Arcade (Plan S. 72/1)
Tokyo, Chiyoda-Ku, Yûraku-Chô 2-1-1, Uchisaiwai-Chô 1-7-23
Hinter dem Imperial Hotel in Richtung Ginza. Lohnt sich zum Preisvergleich beim Kauf von Elektrogeräten wie Fernseher, Video, Stereo.

Katô
(englisch / Anfertigung von Bilderrahmen)
Tokyo, Shibuya-Ku, Hiroo 5-5-2,
☎ 446-5259

Kobayashi Curtain
(englisch / kommt ins Haus)
Tokyo, Shibuya-Ku, Shibuya 1-7-4,
☎ 400-0582

Matsumoto Designers (englisch)
Tokyo, Minato-Ku, Roppongi 7-7-15,
☎ 408-4355, 403-4055, 401-1801
Anfertigung von Lampenschirmen. Frau Matsumoto kommt ins Haus.

Nakazato
106 Tokyo, Minato-Ku, Higashi Azabu 1-9-12, ☎ 585-1811
Fundgrube für Küchengeräte, Geschirr, Gläser usw.

Nippon Hukla K.K.
(deutscher Möbelhersteller)
Tokyo, Shinagawa-Ku, Ôsaki 2-9-12,
☎ 490-8751
Tokyo, Chûô-Ku, Ginza 2-4-14,
☎ 561-5861

Einrichtung / Hausrat

Ôkura Hotel Arcade
Tokyo, Minato-Ku, Toranomon 2-10-4
Lohnt sich zum Preisvergleich beim Kauf von Elektrogeräten wie Fernseher, Video, Stereo.

Oriental Basar (Plan S. 20)
Tokyo, Shibuya-Ku, Jingûmae 5-9-13,
☎ 400-3933
Fertige Lampen und Lampenschirme. Donnerstag geschlossen.

Textile Iida (engl.)
Tokyo, Shibuya-Ku, Motoyoyogi-Machi 1-1, ☎ 465-5001
Anfertigung von Gardinen, Polsterarbeiten. Gute Auswahl an Stoffen, die dem westlichen Geschmack entsprechen.

Tokyo Cooler
Tokyo, Setagaya-Ku, Kamisoshigaya 6-4-9, ☎ 300-5859, 300-6143
Gebrauchte Elektrogeräte

Tôkyû Hands (Plan S. 73/1)
Tokyo, Shibuya-Ku, Udagawa-Chô 12-18, Udagawa Bldg., ☎ 476-5461 5489-5111
Filiale: Tokyo, Setagaya-Ku, Futago Tamagawa 2-22-93, ☎ 708-1211
Bastelbedarf, Namensschilder.

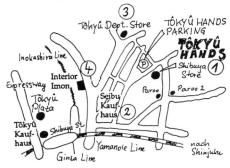

Uematsu (Plan S. 73 oben)
Tokyo, Shibuya-Ku, Shibuya 2-20-8,
☎ 400-5556
Bilderrahmen mittlerer Qualität, preisgünstig.

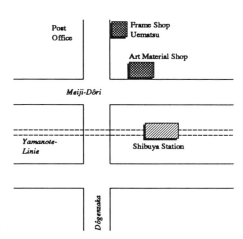

Yamagiwa Electric Co.
Tokyo, Chiyoda-Ku, Soto Kanda 4-1-1,
☎ 253-2111
Große Auswahl an Lampen in Akihabara.

Anmerkungen

Elektrogeräte aller Art kann man preisgünstig in Akihabara kaufen. Akihabara ist bequem zu erreichen mit der Yamanote Linie, der Keihin Tôhoku Linie und der Hibiya Linie (U-Bahn). Wenn Sie Elektroartikel in Ihrem Wohngebiet kaufen, fragen Sie nach einem Rabatt. Ebenfalls in Akihabara in den großen Geschäften wie Laox, Minami Denki, Onkyô, Yamagiwa und anderen finden Sie eine Duty Free Abteilung, in der Sie steuerfrei Elektrogeräte kaufen können, auch solche für 220 Volt.

Haushaltsartikel, Kosmetikartikel und Kleidung erstehen Sie günstig in Okachimachi, eine Station nach Akihabara mit den gleichen Bahnlinien.

Möbel finden Sie in großer Auswahl in Iriya (eine Station nach Ueno mit der Hibiya Linie). Ein gutes Angebot haben auch die meisten großen Kaufhäuser.

Second Hand Artikel jeder Art finden Sie auch im Anzeigenteil des Weekender und in anderen englischsprachigen Zeitschriften. (Seite 75)

Einkäufe

Möbelverleih

Tokyo Lease Corporation
Tokyo, Minato-Ku, Higashi Azabu 2-8-4, Plaza & Lease Bldg., ☎ 585-5801/5
Verleih von Möbeln und Haushaltsgeräten aller Art.

6. Buchhandlungen/ Zeitungen / Bürobedarf

Buchhandlungen

Aoyama Book Center
Tokyo, Garden Plaza Hiroo, Minato-Ku, Minami Azabu 4-1-29, ☎ 442-1651

Central Foreign Books Ltd.
Tokyo, Chiyoda-Ku, Kanda Jimbô-Chô 1-13, ☎ 294-5151

Crayon House
Tokyo, Minato-Ku, Kita Aoyama 3-8-15, ☎ 406-6492

Enderle Book Co. Ltd.
Tokyo, Shinjuku-Ku, Yotsuya 1-5, Ichiko Bldg., ☎ 352-2481, 353-2274
Deutsche Bücher, auch Schulbücher.
Öffnungszeiten: Mo-Fr. 10.00–12.00 Uhr und 13.00–18.00 Uhr, Samstag: 10.00–17.00 Uhr

Goethe Shobô (Plan S. 36/20)
Tokyo, Chiyoda-Ku, Marunouchi 2-4-1, ☎ 211-8481
Öffnungszeiten: Mo-Fr. 9.30–17.30 Uhr, Samstag 9.30–15.00 Uhr

Jena Co. Ltd. (Plan S. 74/2)
Tokyo, Chûô-Ku, Ginza 5-6-1, Ginza Chûô Bldg., ☎ 571-2980
Japanische Buchhandlung mit viel ausländischer, auch deutscher, Literatur.

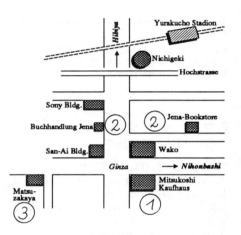

Kinokuniya
Tokyo, Shinjuku-Ku, Shinjuku 3-17-7, ☎ 354-0131
Eine weitere Filiale ist in Shibuya im Tôkyû Plaza.

Kitazawa Shoten
Tokyo, Chiyoda-Ku, Kanda Jimbô-Chô 2-5-3, ☎ 263-0011
Gebrauchte Bücher, auch deutsche. Dienstag geschlossen.

Landkarten-Spezialgeschäft
(Chizu no Mise)
Toshi Seizusha Kabushikikaisha, 107 Tokyo, Minato-Ku, Minami Aoyama 6-6-19, ☎ 400-1661, 400-2661

Buchhandlungen/ Zeitungen / Bürobedarf

Mail Order Kaiser GmbH (Buchversand)
Aachener Str. 11, Postfach 401209, 8000 München 40, ☎ (089) 360821 (in Deutschland)
Über Mail Order Kaiser können Sie jedes in Deutschland erhältliche Buch zum deutschen Preis bestellen. Bei Bestellungen über 50.– DM erfolgt der Versand kostenlos per Schiffspost. Telefonische Bestellungen und Versand per Luftpost sind möglich, die Kosten dafür müssen jedoch vom Besteller übernommen werden.

Maruzen (Plan S. 36/21)
103 Tokyo, Chûô-Ku, Nihonbashi 2-3-10, ☎ 272-7211
Große jap. Buchhandlung mit Abteilung für ausländische Literatur im 3. Stock.

E. Mecklenburg & Co. (Plan S. 75/1)
Tokyo, Chiyoda-Ku, Yûraku-Chô, 1-4-1, Sanshin Bldg., ☎ 591-8666, 591-9095
In den Arkaden im Untergeschoß. Öffnungszeiten tägl. 9.30–18.00 Uhr, außer an Sonn- und Feiertagen. Neben deutschen Büchern auch Kassetten und Schallplatten.

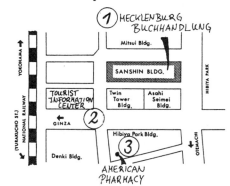

Sanseidô Kanda
Tokyo, Chiyoda-Ku, Kanda Jimbô-Chô 1, ☎ 233-3311
Dienstag geschlossen.

Tuttle Kanda Store
101 Tokyo, Chiyoda-Ku, Kanda Jimbô-Chô 1-3, ☎ 291-7071

Anmerkungen
Eine gute Auswahl an englischsprachigen Büchern finden Sie auch in den Buchläden der Hotelarkaden, z.B. im Ôkura Hotel, Imperial Hotel, Tokyo Plaza usw.

Zeitungen / Zeitschriften in englischer Sprache

Asahi Evening News
Tokyo, Chûô-Ku, Tsukiji 7-8-5, ☎ 546-7151

Japan Times
Tokyo, Minato-Ku, Shiba Ura 4-5-4, ☎ 453-5311

Mainichi Daily News
Tokyo, Chiyoda-Ku, Hitotsubashi 1-1-1, ☎ 212-0321

Overseas Courrier Service
☎ 453-8311
Abonnieren von Zeitschriften aller Art per Luft- oder Seepost, auch als Einzelexemplare. Fordern Sie den Katalog an.

The Daily Yomiuri
100 Tokyo, Chiyoda-Ku, Ôtemachi 1-7-1, ☎ 242-1111

The Magazine
Tokyo, Chiyoda-Ku, Ôtemachi 1-7-2, Pegasus Press New Sankei Bldg., ☎ 244-4221
Große Programmvorschau und auch privater Anzeigenteil.

Tokyo Journal
151 Tokyo, Shibuya-Ku, Sendagaya 3-7-4, MSD 15 Bldg., ☎ 470-7710
Großer Anzeigenteil mit Privatanzeigen.

Tokyo Weekender
Tokyo, Nakano-Ku, Yayoi-Chô 1-5-11, Oriental Bldg., ☎ 374-2631, 374-2633
Großer Anzeigenteil mit Privatanzeigen.

Einkäufe

Tour Companion
Tokyo, Chûô-Ku, Tsukiji 5-3-3,
☎ 542-8521

Anmerkungen

Tokyo Weekender und Tour Companion erscheinen wöchentlich und liegen in den meisten westlichen Supermärkten und in den großen Hotels kostenlos aus.
Ausländische, auch deutsche Zeitschriften und Zeitungen, finden Sie in den Hotelbuchhandlungen und in einigen westlichen Supermärkten.

Bürobedarf

Itô-Ya (Plan S. 56/7)
Tokyo, Chûô-Ku, Ginza 2-7-15,
☎ 561-8311
Spezialgeschäft für Bürobedarf aller Art, Schreibwaren, Mal- und Bastelzubehör.

Uematsu (Plan S. 73 oben)
Tokyo, Shibuya-Ku, Shibuya 2-20-8,
☎ 400-5556
Ausstattung und Zubehör für Malerei aller Art, besonders für Sumie, die japanische Tuschmalerei.

Kyûkyodô
104 Tokyo, Chûô-Ku, Ginza 5-7-4,
☎ 571-4429
Große Auswahl an jap. Papieren.

7. Historische Geschäfte in Tokyo

Habutae
Tokyo, Arakawa-Ku, Higashi Nippori 5-54-3, ☎ 891-2924
Habutae ist ein Teehaus, besteht seit ca. 170 Jahren und ist berühmt für seine japanischen Süßigkeiten.

Haibara Shôten
Tokyo, Chûô-Ku, Nihonbashi 2-7-6,
☎ 272-3801
Das Geschäft handelt seit ca. 180 Jahren mit japanischen Papierwaren.

Isetatsuya
Tokyo, Taitô-Ku, Yanaka 2-18-9,
☎ 823-1453
Isetatsuya handelt vorwiegend mit aus Reispapier gemachtem Buntpapier.

Japan Sword
Tokyo, Minato-Ku, Toranomon 3-8-1,
☎ 434-4321
Hier finden Sie japanische Waffen und Samurai-Zubehör, sowohl antike Waffen als auch Reproduktionen.

Sukeroku
Tokyo, Taitô-Ku, Asakusa 2-3-1,
☎ 844-0577
Bei Sukeroku finden Sie kleines Spielzeug aus der Edo-Zeit.

8. Antiquitätenmärkte

Antique Market Information Office
☎ 950-0871 (Mr. Iwasaki, engl.), ☎ 295-7118 (jap.)

Japan Old Craft and Antique Centre
Größtes Antiquitätenzentrum Japans.
Tokyo, Chiyoda-Ku, Kanda Jimbô-Chô 1-23-1, ☎ 295-7115

Ikebukuro Antiquitätenmarkt
Jeden 3. Samstag und Sonntag im Monat. 10 Minuten vom JR Bahnhof Ikebukuro, Sunshine Bldg. B1, ☎ 295-7112

Kawagoe Antiquitätenmarkt am Saiunji Tempel
Jeden 14. im Monat. 1 Std. außerhalb Tokyos mit der Seibu Linie. Vom Kawagoe-Bahnhof 10 Min., am Saiunji-Tempel, ☎ (0429) 24-0328

Kawagoe Antiquitätenmarkt am Naritafudô Tempel
Jeden 28. im Monat. 1 Std. außerhalb Tokyos mit der Seibu Linie, vom Bahnhof Honkawagoe aus 15 Min., am Naritafudô-Tempel, ☎ 295-7112

Kokubunji Antiquitätenmarkt
Jeden 2. Samstag und Sonntag im Monat. Mit der Chûô Linie bis Kokubunji, 5 Min. vom Bahnhof, ☎ (0492) 66-3838

Nogizaka Antiquitätenmarkt
Jeden 2. Sonntag im Monat. Vom Bahnhof Nogizaka der Chiyoda Linie 10 Min., ☎ 295-7118

Roppongi Antiquitätenmarkt
Jeden 4. Donnerstag und Freitag im Monat. 2 Minuten vom Roppongi-Bahnhof der Chiyoda Linie, Roi Bldg., ☎ 583-2081

Shinjuku Antiquitätenmarkt
Jeden 2. und 3. Sonntag im Monat. 10 Minuten vom Bahnhof Shinjuku, hinter dem Isetan-Kaufhaus.

Togo Antiquitätenmarkt
Jeden 1. und 4. Sonntag im Monat. 5 Minuten vom Bahnhof Harajuku, ☎ 425-7965

Urawa Antiquitätenmarkt
Jeden 4. Samstag im Monat. 5 Min. vom JR Bahnhof Urawa auf der Sakura Dôri, ☎ 921-0292

9. Dienstleistungen

I. Babysitter

American Center Service
☎ 200-7571

Baby Sitting Service
(Mrs. Kimiyo Koyano)
☎ 486-8278

Japan Babysitting Service
925-1498

Kiddy Friend Service
☎ (0422) 46-1612

___ Anmerkung ___
Auch über einen Anschlag in der Deutschen Schule, der OAG oder dem Goethe-Institut gibt es die Möglichkeit, Babysitter zu finden.

II. Delivery Service / Hauslieferung von Menüs

Bacchus Club
153 Tokyo, Meguro-Ku, Aobadai 1-3-2, ☎ (0467) 24-2213 oder 462-0551
Italienische Spezialitäten

Capitol Tôkyû (Herr Hoermann)
Tokyo, Chiyoda-Ku, Nakata-Chô 2-10-3, ☎ 581-4511

A. Lecomte
Tokyo, Minato-Ku, Minami Aoyama 1-1-1, Shin Aoyama Bldg., ☎ 475-1770
Vorzügliche französische Menüs

Restaurant Pachon
Tokyo, Shibuya-Ku, Saragaku-Chô 29-18, ☎ 476-5025
Französische Küche

III. Domestic Service (Personal)

American Center Service
Head Office, Tokyo, Toshima-Ku, Takada 3-10-19, ☎ 200-7571
Live-in/out, home-stay. Bitte fordern Sie einen Prospekt an.

Fuji Service (Servierhilfen)
Tokyo, Shibuya-Ku, Harajuku 3-15-9, Haimu 3D, Jingûmae, ☎ 402-6571

Takao Club
(Party Service Takao Waiters Club)
Tokyo, Shibuya-Ku, Ebisu Minami 3-3-11, ☎ 719-3311

Tokyo Domestic Service
Tokyo, Minato-Ku, Akasaka 2-17-54, Palais Loi 1003, ☎ 584-4769, 584-4760

Tokyo Maid Service
(Putzhilfen und Babysitter)
Tokyo, Chiyoda-Ku, Kanda Jimbô-Chô 1-54, Nara Kaikan, ☎ 291-3595

_____ **Anmerkungen** _____
Falls Sie schon etwas Japanisch sprechen, sollten Sie einmal versuchen, sich eine Haushaltshilfe über das Arbeitsamt (Shokugyô Anteijo) vermitteln zu lassen. Die Adresse und Telefonnummer des für Sie zuständigen Arbeitsamtes erfahren sie beim Einwohnermeldeamt / Ward-Office. (Siehe Seite 11)

IV. Druckereien

Druck von Geburtsanzeigen: im Isetan Dept. Store / Club Service Counter, ☎ 356-4311

Meishi Hagaki Printing Co. Ltd. (engl.)
Shinjuku Akebonobashi Shop, ☎ 351-7191, Yotsuya 3 Chome Shop, ☎ 355-5505
Druckt Briefpapier, Einladungs- und Visitenkarten aller Art, auch in deutsch.

Tôkyû Hands (Plan S. 73/1)
(Namensschilder etc.)
Tokyo, Shibuya-Ku, Udagawa-Chô 12-18, Udagawa Bldg., ☎ 476-5461

_____ **Anmerkung** _____
Jeder Schreibwarenladen nimmt normalerweise Aufträge für den Druck von Visitenkarten an, wenn Sie den Text genau aufschreiben.

V. Friseure

Forest (Plan S. 65/5)
Tokyo, Ôta-Ku, Sannô 1-3-1, Hotel Montereil 1 F, ☎ 776-7039

Maroze Beauty Salon (Plan S. 14/3)
(engl. / über dem National Azabu)
Tokyo, Minato-Ku, Minami Azabu 4-5-2, ☎ 444-4225/6

Panorama (Modern Haircut)
Tokyo, Shibuya-Ku, Jingûmae 6-5-2, ☎ 400-3901

Salon André Bernard (engl.) (Plan S. 62/3)
Tokyo, Minato-Ku, Roppongi 5-2-1, Horaiya Bldg. 4 F, ☎ 404-0616
Besonders zu empfehlen für Haarschnitte.

Sweden House of Beauty (engl.)
(Plan S. 66)
Tokyo, Minato-Ku, Roppongi 6-11-9, ☎ 404-9730
Empfehlenswert für Haarschnitte, Färbungen usw.

_____ **Anmerkung** _____
Auch die Salons in den großen Hotels sind recht gut.

VI. Häuser- und Apartmentvermittlungen / Wochenendhäuser

Ken Corporation
Tokyo, Minato-Ku, Nishi Azabu 3-2-12,
☎ 478-3801

The Apartment Hotel
Asahi Homes Ltd. Apartment Hotel Management Division Tokyo, Minato-Ku, Nishi Azabu 3-2-13, ☎ 475-1811
Auch kurzzeitige Vermittlung von schönen, volleingerichteten Wohnungen.

Frau Yôko Friedman (Tatato Beach Inn)
☎ Tokyo 401-3363; Shimoda ☎ (05582) 2-1575
Vermietung von voll möblierten Ferienhäusern am Strand von Shimoda.

Reiko House Agent
Kanagawa-Ken, Hayama-Chô, Isshiki 2037, ☎ (0468) 75-1334
Vermietung von Wochenendhäusern im Gebiet der Küste zwischen Zushi-Hayama-Akiya-Yokosuka (Miura-Halbinsel).

Yamanaka-Ko Fudosan K.K.
Herr Kimiori Tsuchiya (Direktor der Firma mit engl. Sprachkenntnissen), 225-1 Yamanaka, Yamanaka-Ko Mura, Minami Tsuru-Gun, Yamanashi-Ken, ☎ Büro (0555) 62-1268, privat ☎ (05556) 2-1426
Vermietet Wochenendhäuser in der Nähe des Yamanka-Ko.

Zee
Yokohama, Naka-Ku, Kominato-Chô 3-175, ☎ (045) 622-9795

VII. Reinigungen

A-1, Carpet Cleaning Co. Ltd. (engl.)
Tokyo, Kôtô-Ku, Higashi Suna 3-25-3, ☎ 645-8671
Reinigung von Teppichen und Polstermöbeln.

Duskin Service Master Div. (engl.)
Tokyo, Katsushika-Ku, Hosoda 4-25-1, ☎ 657-0807
Reinigung von Teppichen und Polstermöbeln.

Fujishô Co. Ltd.
Tokyo, Shinjuku-Ku, Nishi Shinjuku 7-10-10, ☎ 366-2851
Reinigung von Teppichen und Polstermöbeln.

Interior Imon (Plan S. 73/4)
Tokyo, Shibuya-Ku, Dôgenzaka 2-6-16, ☎ 462-1141
Reinigung von Teppichböden und Polstermöbeln.

Tôyô Clean (engl.)
Tokyo, Minato-Ku, Mita 1-2-27, ☎ 453-7871
Reinigung von Teppichen und Polstermöbeln.

Hakuyôsha
Erfragen Sie die Ihrer Wohnung am nächsten liegende Filiale beim Hauptgeschäft:
Tokyo, Minato-Ku, Akasaka 1-3-21, ☎ 582-0991
Reinigung von Kleidern, Pelzen (auch fachgerechte Aufbewahrung im Sommer), Vorhängen, Teppichen usw. Diese Reinigung führt auch Reparaturen wie Kunststopfen, Auswechseln von Reißverschlüssen, Umfärben und ähnliches durch.

VIII. Reparaturen

Elektrogeräte

C.H. Company
Tokyo, Minato-Ku, Shiba 5-5-10, ☎ 451-8291
Reparatur von Elektrogeräten aller Art.

Tokyo Cooler
Tokyo, Setagaya-Ku, Kamisoshigaya 6-4-9, ☎ 300-5859, 300-6143
Reparatur von Klimaanlagen und anderen Elektrogeräten.

Einkäufe

Yamamura Musen International (engl.)
Tokyo, Minato-Ku, Higashi Azabu 2-12-2,
☎ 582-0064
Reparaturen von Radios, TV, Stereo etc.

Hausreparaturen

Japan Facilities Service
107 Tokyo, Minato-Ku, Minami Aoyama 2-2-8, DF Bldg., ☎ 403-7820
Elektroarbeiten, Hausreparaturen, Malerarbeiten, Fensterputzer.

Kleidung

Takachihô
Tokyo, Nakano-Ku, Nakano 5-52-15, Nakano Broadway 1 F, ☎ 385-5671
Änderungen und Reparaturen von Damen- und Herrenkleidung.

Möbel

Imai Karaki Kaguten
Tokyo, Meguro-Ku, Himonya 4-15-2,
☎ 711-4392
Reparatur von Möbeln, auch antiken europäischen und chinesischen Möbelstücken.

Shin Hirai
Tokyo, Minato-Ku, Shinbashi 5-4-7,
☎ 431-2003
Möbelreparaturen, Aufpolstern, Ausbesserungen.

Puppen

Omocha no Byôin
Seibu-Shibuyaten, Tokyo, Shibuya-Ku, Udagawa-Chô 21-1, ☎ 462-3249

Schuhe / Ledersachen

Kobayashi K.
Tokyo, Toshima-Ku, Takada 1-34-2,
☎ 988-9436
Reparatur von Taschen/Handtaschen.

Matsudo-Shoes Inc.
Tokyo, Chûô-Ku, Ginza 3-10-5,
☎ 541-7078
Reparatur von Ledersachen aller Art, auch von Kleidung, Koffern, Ranzen; erstklassige Schuhreparatur, Sattlerarbeiten.

Wakao Bag (Kofferreparaturen)
Tokyo, Minato-Ku, Minami Aoyama 2-3-21, Kobayashi Coop., ☎ 408-3616

Mister Minit
Mister Minit finden Sie inzwischen in fast allen größeren Kaufhäusern.
Schuhreparatur, Schlüsseldienst, Messerschleifen, Gravuren.

Uhren

Taga Watch Service Center
Tokyo, Shibuya-Ku, Udagawa-Chô 37-10, Mani Bldg. 303, ☎ 469-6924
Reparatur von Uhren, auch ausländischen und alten.

IX. Schädlingsbekämpfung

Apex Sangyô Co. Ltd.
Tokyo, Minato-Ku, Shiba Kôen 2-12-16,
☎ 434-6474

Ikari Ltd.
Tokyo, Shinjuku-Ku, Shinjuku 3-23-7, Shinjuku Daie Bldg., ☎ 356-6191

Nakamura Kagaku Kôgyô Co. Ltd.
Tokyo, Toshima-Ku, Kita Ôtsuka 1-17-2,
☎ 918-0597

Nakano Bôeki Inc.
Tokyo, Nakano-Ku, Nogata 1-32-18,
☎ 387-3086

Sangyô Exterminating Co.
Tokyo, Shinagawa-Ku, Higashi Ôi 5-24-24,
☎ 474-2741

Tokyo Gaichû Shôdoku Kagaku
Kenkyûjô
Tokyo, Shinagawa-Ku, Hatanodai 4-2-4,
☎ 781-1250

X. Müll / Sperrmüll

Müll

Haushaltsmüll muß sortiert werden in kompostierbaren und nicht kompostierbaren Müll. Unter **kompostierbaren** Müll fallen Küchenabfälle, Papiertaschentücher, Damenbinden, Papierservietten, Kleidung aus Natur- und Mischgeweben, Füllmaterial zum Packen und Verpolstern. Kompostierbarer Müll wird dreimal pro Woche eingesammelt.

Zum **nicht kompostierbaren** Müll gehören Metalle, Glas, Plastik aller Arten, Gummi, Leder, Geschirr, Trockenbatterien. Dieser Müll wird einmal pro Woche gesammelt.

Sperrmüll ☎ 212-5111

Unter dieser Telefonnummer können Sie die jeweilige Telefonnummer des für Ihren Wohnbezirk zuständigen Sperrmülldienstes erfahren (nur Japanisch).

Beseitigung von Tierkadavern

Wenden Sie sich an das Bureau of Public Cleaning. Man zahlt für einen Kadaver bis 25 kg 2500 ¥. Die Tiere werden verbrannt und begraben. ☎ 212-6882

Alte Zeitungen und Karton werden von den Altpapierhändlern gegen Toilettenpapier oder Papiertaschentücher eingetauscht. Altpapierhändler können Sie fast täglich in der Nähe Ihrer Wohnung fahren sehen. Sie kündigen sich durch laute Mikrophonansagen an.

(F) Sprache

„Domo" – das wichtigste japanische Wort

1. Dolmetscher- und Übersetzungsdienste

Dolmetscherdienste (jap.-deutsch)

Frau Mie Hayashi
Yokohama, Asahi P.O. Box 2,
☎ (045) 366-3502

Frau Renate Herold
191 Tokyo, Hino-Shi, Shinmachi 3-34-2,
☎ (0425) 83-2908

Frau van der Laan
Tokyo, Minato-Ku, Akasaka 8-4-14-503,
☎ 405-1987
Dolmetscherdienste/Reisebegleitung.

Frau Akiko Okawa
221 Yokohama, Kanagawa-Ken,
Matsugaoka 35-805, ☎ (045) 321-0948

Frau Akemi Sakamoto
183, Fuchû-Shi, Koyanagi-Chô 5-9-83,
☎ (0423) 69-4167

Herr Teruhisa Tajima
145 Tokyo, Ôta-Ku, Chûô 4-18-25,
☎ 772-2848

Frau Sachiko Yashiro
143 Tokyo, Ôta-Ku, Sannô 2-28-6,
☎ 771-1069

Übersetzungsdienste

Biblos (jap.-engl.)
Tokyo, Shinjuku-Ku, Takadanobaba 1-26-5, ☎ 200-4531

Taiseidô (viele Sprachen)
Tokyo, Shibuya-Ku, Jinnan 1-22-4,
☎ 463-0511

2. Sprachschulen

Japanischkurse auf Deutsch

OAG im OAG-Haus (Plan S. 28/4)
107 Tokyo, Minato-Ku, Akasaka 7-5-56,
☎ 582-7743

Sprachkolleg Heidelberg
151 Tokyo, Shibuya-Ku, Yoyogi 1-59-1,
Ohashi Bldg. 5 F, ☎ 374-4863

Sprachschulen

Japanischkurse in Englisch oder Japanisch

Asahi Culture Center
160-91 Tokyo, Shinjuku-Ku, Nishi Shinjuku 2-6-1, Shinjuku Sumitomo Bldg.,
☎ 344-1941 / 348-4041

Berlitz
Tokyo, Minato-Ku, Akasaka 1-11-41, Daiichi Kôwa Bldg., ☎ 589-3771
Berlitz besitzt mehrere Sprachschulen über Tokyo verteilt.

GEM
150 Tokyo, Shibuya-Ku, Shibuya 1-13-5, Daikyô Bldg. 4 F, ☎ 406-8031

Gregg Int'l School of Language
152 Tokyo, Meguro-Ku, Jiyûgaoka 1-14-16,
☎ 718-5022

Intercult Nihongo Gakkô
171 Tokyo, Toshima-Ku, Mejiro 2-34-3,
☎ 989-9851

Japanese Culture & Language Institute
160 Tokyo, Shinjuku-Ku, Nishi Shinjuku 2-1-1, ☎ 370-2751

Musashino YMCA
Musashino-Shi, Nakamachi 2-14-10,
☎ (0422) 53-5151

Naganuma / The Tokyo School of the Japanese Language
150 Tokyo, Shibuya-Ku, Nanpeidai-Machi 16-26, ☎ 463-7261

Omete-Sandô Nihongo Gakkô
107 Tokyo, Minato-Ku, Kita Aoyama 3-11-16, ☎ 400-5441

Pana-Lingua Institute of Japanese Language
151 Tokyo, Shibuya-Ku, Yoyogi 1-43-4,
☎ 370-7105

Sony Japanese Language Laboratory
105 Tokyo, Minato-Ku, Nishi Shinbashi 1-6-12, ☎ 504-1356

St. Joseph Institute of Japanese Studies (Franziskanerschule)
106 Tokyo, Minato-Ku, Roppongi 4-2-39,
☎ 403-8088

The Japanese Language School of the International Academy
165 Tokyo, Nakano-Ku, Egota 4-15-1,
☎ 385-2225
Diese Schule veranstaltet auch Kurse für die Aufnahmeprüfung an japanischen Universitäten.

Tokyo Baptist Church
☎ 461-8425

Tokyo Japanese Language Center
105 Minato-Ku, Shiba Kôen 3-5-4,
☎ 433-3378

Privatunterricht

Frau Mineko Imaizumi
Tokyo, Shinagawa-Ku, Nishi Ôi 3-7-19-21,
☎ 772-8141

Frau Takako Mori
Tokyo, Minato-Ku, Akasaka 7-6-16,
☎ 447-5287

Frau Muraguchi
☎ 723-7724

Frau Harue Reder
143 Tokyo, Ôta-Ku, Chûô 5-19-13,
☎ 752-8776

Englischkurse

King's English School
143 Tokyo, Ôta-Ku, Ômori Nishi 2-1-21,
☎ 761-6846

Literaturhinweis

Falls Sie sich ausführlich über das Angebot an Japanischunterricht informieren möchten, empfehlen wir Ihnen das Buch:
Japanese Language Programs in Japan
Verlag: Space Research Co. Ltd., Toranomon 4-1-13, ☎ 437-5589

3. Literaturangaben zu Lexika und Sprachbüchern (Vorschläge)

Lexika

Hadamitzky: Kanji und Kana
Langenscheidt Verlag / Verlag Enderle.
Lehrbuch und Lexikon der japanischen Schrift.
Dazu gibt es 3 Übungshefte.

Nelson: The Modern Reader's Jap.-Engl. Character Dictionary
Verlag Tuttle.
Ausgezeichnetes Zeichenlexikon.

Neues jap.-deutsches Wörterbuch
Hrsg. Okutsu, Verlag Hakusuisha.
Für den täglichen Gebrauch ausreichend.

Wörterbuch der deut. und jap. Sprache
Hrsg. R. Schinzinger u.a., Verlag Sanshusha
Zur Zeit das beste Wörterbuch auf dem Markt.

Lehrbücher

An Introduction to Modern Japanese
von Osamu und Nobuko Mizutani; Verlag The Japan Times Ltd.

Business Japanese (Teil I und II)
Hrsg.: The International Division of Nissan Motor Co. Ltd.; Verlag Bonjin Co. Ltd.

Japanese for Busy People
Herausgegeben zusammen mit der Japan Foundation; Verlag Kôdansha International Ltd.

Japanese for Today
Hrsg.: Ôsaka Univ. of Foreign Studies, Tsukuba Univ., Japanese Lang. Inst. China, Dôshisha Univ., Ritsumeinkan Univ., Verlag Gakken Co. Ltd.

Japanisch (Grundstufe I)
von W. Hadamitzky und Kimiko Fujie-Winter, Ostasien Verlag Berlin.

Nihongo no Kiso (Teil I und II)
Hrsg. Kaigai Gijutsusha Kenkyû Kyokai, Verlag Aotsu Chôsakai Ltd.

Nihongo Shoho
Hrsg. The Japan Foundation, Verlag Bonjinsha

The Nihongo Journal
Verlag ALC Press, 168 Tokyo, Suginami-Ku, Eifuku 2-54-12
Monatlich erscheinende Zeitschrift für solche, die schon weiter fortgeschritten sind in ihren Japanischkenntnissen. Fast alle zum Teil sehr aktuellen Artikel erscheinen in engl. Übersetzung. Zur Zeitschrift gibt es eine Kassette.

Hinweis

Die meisten der hier genannten Lehrbücher finden Sie in allen größeren Buchhandlungen. Alle Bücher führt Bonjinsha, eine Buchhandlung für Lehrmaterial für den Japanischunterricht.
Bonjinsha Co. Ltd.
102 Tokyo, Chiyoda-Ku, Kôjimachi 6-2, Kôjimachi-6-chome Bldg. 6 F, ☎ 265-7782

(G) Kulturelles Leben in Tokyo

1. Museen und Galerien

In Tokyo gibt es neben den großen öffentlichen Sammlungen wie Nationalmuseum, Western Art Museum, Museum of Modern Art usw. auch eine Reihe von sehr guten, kleineren, privaten Museen, die aus alten Familiensammlungen (Hatakeyamamuseum) oder als Gründung Industrieller entstanden sind (z.B. Bridgestone Museum, Idemitsu-Museum). Während man in den großen Museen einen ständigen Überblick über die kulturelle Entwicklung des Landes erhält oder am internationalen Ausstellungsgeschehen teilhaben kann, bieten die Privatmuseen jahreszeitlich wechselnde Ausstellungen traditioneller Künste und Handwerke (z.B. Sumie, Ukiyoe, Kimonos, Wandschirme, Teezeremonie-Utensilien etc.). An besonders schönen und zentralen Plätzen gelegen oder häufig eingebettet in malerische Gärten, bieten diese Orte eine Oase der Ruhe inmitten der Großstadt. Eine Besonderheit unseres Gastlandes stellen die Museen und Ausstellungsräume der großen Kaufhäuser dar, die in der Lage sind, die besten japanischen und ausländischen Sammlungen ins Haus zu bekommen. Es ist Tradition in vielen japanischen Museen, nur einen kleinen Teil der Exponate zu zeigen.

Während man als Tokyo-Neuling relativ leicht zu den Museen des Ueno Parks oder in die Kaufhäuser findet, ist es schon schwieriger, eine der kleinen Privatgalerien – von denen allein im Ginza-Gebiet 200 Foto- und Bildergalerien in den oberen Stockwerken der Gebäude „versteckt" liegen – zu finden. Die Adressen dieser oft nur wenige Quadratmeter großen Galerien muß man sich über die Telefonnummern, die in der Presse veröffentlicht sind, erfragen. Viele dieser Galerien sind aus Privatsammlungen entstanden und stellen häufig erstklassige japanische und ausländische Künstler vor.

Übrigens, alle öffentlichen Museen sind montags geschlossen! Bei den privaten Museen sollten Sie vorher anrufen.

Kulturelles Leben in Tokyo

Öffentliche Kunstmuseen

Kanagawa-Ken Museum
Yokohama, Naka-Ku, Minami Nakadôri 5-60, ☎ (045) 201-0926

Tokyo Metropolitan Museum of Art
(Tokyo-To Bijutsukan)
Tokyo, Taitô-Ku, Ueno Kôen 8-36,
☎ 823-6921
Im Ueno Park. Die Sammlung repräsentiert die letzten 50 Jahre japanischer Kunst in wechselnden Ausstellungen.

Museum of Modern Art
(Kokuritsu Kindai Bijutsukan)
Tokyo, Chiyoda-Ku, Kitanomaru Kôen 3, ☎ 214-2561
Am nördlichen Ende des Imperial Parks. Westliche und japanische Kunst des 20. Jahrhunderts. Alle namhaften japanischen Künstler seit der Meiji-Zeit sind vertreten. Wechselausstellungen internationaler Sammlungen.
In einem Annex des Museum of Modern Art befindet sich die kunsthandwerkliche Abteilung, das **Museum of Modern Arts and Craft Gallery**, ☎ 221-7781

Setagaya Art Museum
Tokyo, Setagaya-Ku, Kinuta Kôen 1-2, ☎ 415-6011
Die Hauptsammlung besteht aus Werken naiver Maler des 19. und 20. Jahrhunderts.

Shibuya Ward Shôtô Art Museum
Tokyo, Shibuya-Ku, Shôtô 2-14-14,
☎ 465-9421
Hat keine eigene, ständige Ausstellung. Dort ausstellende Künstler haben irgendeine Beziehung zu Shibuya-Ku. Es werden auch verschiedene Kurse angeboten.

Taitô-Ku Asakura Sculpture Museum
Tokyo, Taitô-Ku, Yanaka 7-18-10,
☎ 821-4549
Von den etwa 1000 Ausstellungsstücken sind jeweils ca. 100 in einer Wechselausstellung zu sehen. Das Museum besitzt 500 Kunstwerke des Bildhauers Fumio Asakura.

Tokyo Metropolitan Teien Art Museum
Tokyo, Shibuya-Ku, Shiroganedai 5-21-9,
☎ 443-0201
Dieses Museum war früher eine Residenz der kaiserlichen Familie und ist als solches schon ein Kunstwerk.

Tokyo National Museum
(Kokuritsu Hakubutsukan)
Tokyo, Taitô-Ku, Ueno Kôen 1, ☎ 822-1111
Im Ueno Park. Das größte Museum Japans, umfangreichste Sammlung der Welt an japanischer Kunst. Bietet einen guten Überblick über die kulturelle Entwicklung Japans sowie der Nachbarländer Korea und China.

Ueno Royal Museum
Tokyo, Taitô-Ku, Ueno Kôen 7-7,
☎ 833-4191
Im Ueno Park. Hat keine eigene, ständige Ausstellung, nur Wechselausstellungen.

Western Art Museum
(Kokuritsu Seiyô Bijutsukan)
Tokyo, Taitô-Ku, Ueno Kôen 7-7,
☎ 828-5131/3
Im Ueno Park. Große Wechselausstellungen klassischer und moderner Künstler.

Yokohama Archives of History
(Yokohama Kaiko Shiryôkan)
Yokohama, Naka-Ku, Nihon Ôdori 3,
☎ (045) 201-2100
Historisches Archiv.

Einige private Kunstmuseen

Private Kunstmuseen haben mitunter sehr seltene und ausgezeichnete Exponate, die in den öffentlichen Museen nicht zu sehen sind.

Bridgestone Museum of Art (Plan S. 36/27), Tokyo, Chûô-Ku, Kyôbashi 1-10-1,
☎ 563-0241
Holländische Malerei des 17. Jahrh., französische des 19. Jahrh. und westlich beeinflußte japanische Maler der Meiji-Zeit.

Museen und Galerien

Gotô Museum
Tokyo, Setagaya-Ku, Kaminoge 3-9-25,
☎ 703-0661
Privatsammlung hauptsächlich japanischer und chinesischer Malerei.

Hara Bijutsukan (Kunstmuseum)
Tokyo 141, Shinagawa-Ku, Kita-Shinagawa 4-7-25, ☎ 445-0651
Zeitgenössische Kunst, Ort der Kommunikation über Kunst, Symposien.

Hatakeyama Museum
Tokyo, Minato-Ku, Shiroganedai 2-20-12,
☎ 447-5787
Sammlung japanischer Kunst. Auf Wunsch Teilnahme an Teezeremonien.

Idemitsu Art Gallery (Plan S. 36/23)
Tokyo, Chiyoda-Ku, Marunouchi 3-1-1, Kokusai Bldg. 9 F, ☎ 213-9402
Sammlung von Bildern, Keramiken und Tee-Utensilien Asiens.

Iwasaki Chihiro Art Museum of Picture Books
Tokyo, Nerima-Ku, Shimo Shakujii 4-7-2,
☎ 995-0612
Private Sammlung von Iwasaki Ch., bekannter Illustrator von Kinderbüchern.

Kurita Art Museum
Tokyo, Chûô-Ku, Nihonbashihama-Chô 2-17-9, ☎ 666-6246
Sammlung von Imari und Nabeshima Keramik.

Nezu Museum
Tokyo, Minato-Ku, Minami Aoyama 6-5-36, ☎ 400-2536
Sammlung japanischer Kunst.

Sôgetsu Art Museum (Plan S. 28/7)
Tokyo, Minato-Ku, Akasaka 7-2-21, Sôgetsu Bldg. 6 F., ☎ 408-1126/9
Enthält u.a. ca. 700 Werke von Teshigahara Sôfu, dem Begründer der Sôgetsu Schule (Ikebana).

Suntory Art Gallery
Tokyo, Minato-Ku, Moto Akasaka 1-2-3,
☎ 470-1073
Sammlung von jap. Lackwaren, Keramik, Glas, Kostümen und Masken.

Ukiyoe Ôta Memorial Museum of Art
Tokyo, Shibuya-Ku, Jingûmae 1-10-10,
☎ 403-0808
Eine der größten Sammlungen von Ukiyoe, Holzschnitten der „fließenden, vergänglichen Welt". Motive u.a. aus dem Milieu der Kurtisanen, Schauspieler, Ringer usw.

Yamatane Museum of Art
Tokyo, Chûô-Ku, Nihonbashi Kabuto-Chô 7-12, Yamatane Bldg. 8 F., ☎ 669-4056
Eine der eindrucksvollsten Sammlungen der Welt von jap. Gemälden.

Sonstige Museen
Museen, die auch Kinder mitunter interessant finden

Kite Museum
(Papierdrachenmuseum)
Tokyo, Chûô-Ku, Nihonbashi 1-12-10,
☎ 271-2465

Maritime Museum
(Meereskundemuseum)
Tokyo, Shinagawa-Ku, Higashi Yashio 3-1,
☎ 528-1111

Meguro Museum of Parasites
(Naturkundemuseum)
Tokyo, Meguro-Ku, Shimo Meguro 4-1-1,
☎ 716-1264

Museum of Science and Technology
Tokyo, Chiyoda-Ku, Kitanomaru Kôen 2-1, ☎ 212-8471

National Science Museum
Tokyo, Taitô-Ku, Ueno Kôen 7-20,
☎ 822-0111

NHK Broadcasting Museum
Tokyo, Minato-Ku, Atago 2-1-1,
☎ 433-5211

Paper Museum
Tokyo, Kita-Ku, Horifune 1-1-8,
☎ 911-3545

Pentax Gallery Museum
(Kameramuseum)
Tokyo, Minato-Ku, Nishi Azabu 3-21-20,
☎ 401-2186

Silk Museum
Yokohama, Naka-Ku, Yamashita-Chô 1,
Silk Center, ☎ (045) 641-0841

✓ Sword Museum
Tokyo, Shibuya-Ku, Yoyogi 40-25-10,
☎ 379-1386
Über 600 alte Schwerter.

Transportation Museum
Tokyo, Chiyoda-Ku, Kanda Suda-Chô 1-25, ☎ 251-8481

Kleine Auswahl an Galerien

Fujii Gallery (Herr Kishimoto)
Tokyo, Chûô-Ku, Ginza 7-4-14,
☎ 574-0214

Fujikawa Galleries Inc.
(Herr Mizushima)
Tokyo, Chûô-Ku, Ginza 8-6,
☎ 574-6820/30
Galerie für alte Meister.

Gallery 21 (Frau Kuroda)
Tokyo, Chûô-Ku, Ginza 3-4-17,
☎ 567-2816

Gallery Center Point (Herr Komori)
Tokyo, Chûô-Ku, Ginza 1-8-2, ☎ 564-3132

Gallery Iida (Herr Oka)
Tokyo, Chûô-Ku, Ginza 8-6-23,
☎ 252-3190

✓ Gallery Lunami (Frau Namikawa)
Tokyo, Chûô-Ku, Ginza 2-5-2, ☎ 561-6076

Gallery K (Herr Minami)
Tokyo, Chûô-Ku, Ginza 1-9-6, ☎563-4578

Gallery White Art (Frau Nakano)
Tokyo, Chûô-Ku, Ginza 2-5-4, ☎ 567-0089

Kamakura Gallery (Frau Nakamura)
Tokyo, Chûô-Ku, Ginza 7-10-8,
☎ 574-8307
Avantgardistische jap. Kunst.

Tokyo Gallery (Herr Tabata)
Tokyo, Chûô-Ku, Ginza 8-18-6,
☎ 571-1808
Handelt vorwiegend mit internationaler zeitgenössischer Kunst.

Ueda Gallery (Herr Ueda)
Tokyo, Chûô-Ku, Ginza 6-6-7, ☎ 574-7553
Jap. und ausländische zeitgenössische Kunst.

Yôseidô Gallery (Plan S. 72/4)
Tokyo, Chûô-Ku, Ginza 5-5-15, ☎571-1312
Verkauf von Holzdrucken lebender japanischer Künstler.

2. Theater

In Japan gibt es erwartungsgemäß die japanischen traditionellen Formen des Nô, Kabuki und Bunraku sowie deren Vorformen, einfache heilige Kagura-Tanzspiele an den Shintô-Schreinen und zeremonielle Bugaku-Tänze, die schon vor tausend Jahren am Hof des Kaisers aufgeführt wurden. Neben dieser Vielfalt des lebendigen, japanischen traditionellen Theaters

Theater

gibt es seit der Meiji-Zeit westliches Theater in japanisierter Form, das Shingeki, bei dem europäische Klassiker bis hin zu Brecht und Ionesco aufgeführt werden. Daneben hat sich seit Kriegsende ein eigenständiges japanisches „Avantgarde"-Theater („Angura" von „underground") gebildet mit modernen Tänzen (Butô) und Performances auf den Bühnen von Cafés, kleinen Theatern und Clubs in Tokyos Amüsier- und Universitätsvierteln.

Kabuki

Das Kabuki ist ursprünglich ein Theater zur Unterhaltung der städtischen Bevölkerung gewesen. Für die oberen Schichten war es bis vor 100 Jahren nicht gesellschaftsfähig. In seiner heutigen Form besteht es seit dem 17. Jahrhundert. Es wurde von einer Frau gegründet, wird jetzt allerdings ausschließlich von Männern ausgeübt. Aufführungen finden zumeist morgens (11.00 Uhr) und abends (16.00 Uhr) statt. Gegen Vorlage eines ausländischen Reisepasses sind verbilligte Karten zu bekommen. Es ist nicht nötig, ein Stück in der gesamten Länge anzusehen, man kann zu jeder Zeit hinein- und hinausgehen.

Die Haupttheater sind:

Kabuki-Za (Plan S. 36/24 und 56/2)
Tokyo, Chûô-Ku, Ginza 4-12-15,
☎ 541-3131
Hier in dem größten, kommerziellen Theater Japans wird das ganze Jahr hindurch gespielt. Übersetzungen des Programms ins Englische sind im Theater erhältlich. Lohnend ist das Ausleihen kleiner Hörgeräte, mit denen über Funk die Handlung in englisch erläutert und laufend Erklärungen zum besseren Verständnis des Stückes gegeben werden.

Shinbashi Embujô (Plan S. 56/5)
Tokyo, Chûô-Ku, Ginza 6-18-2,
☎ 541-2211

National Theater of Japan
(Kokuritsu Gekijô)
Tokyo, Chiyoda-Ku, Hayabusa-Chô 4-1,
☎ 265-7411

Hinweis

Informationen und Karten bekommt man über das Tourist Information Center (Seite 34), an den Schaltern der zahlreichen Play-Guides-Verkaufsstellen (Seite 93) oder direkt im Theater.

Bunraku

Im 18. Jahrhundert waren die Bunraku-Aufführungen mit ihren knapp lebensgroßen Puppen eine der populärsten Bühnenformen Japans. Vermutlich ursprünglich aus China eingeführt, hat sich das Puppenspiel im Laufe der Zeit japanisiert und teilt sein Repertoire mit dem Kabuki. Aufführungen finden regelmäßig im National Theater of Japan statt; seine Heimat hat es aber im eigenen Bunraku-Nationaltheater in Osaka.

Nô

Aus kultischen festlichen Spielen und religiösen Tempel-Tänzen hervorgegangen, wurde das Nô-Theater in aristokratischen Kreisen gepflegt und erhielt sich bis heute. Seit dem späten 14. Jahrhundert bestehen die Aufführungen aus solemner Bewegung, Musik und dem Rezitieren von Texten.
Aufführungen finden vor allem auf den 6 Hauptbühnen in Tokyo statt. Abendliche Programme gibt es fast jeden zweiten Tag, längere Programme an Wochenenden und Feiertagen. Es empfiehlt sich, die deutschen (Bohner: Die einzelnen Nô) oder

englischen (O'Neill: A Guide to Nô / Don Kenny: A Guide to Kyôgen) Inhaltsangaben der Stücke im voraus zu besorgen.

Kokuritsu Nôgakudô
(Nationales Nô-Theater)
Tokyo, Shibuya-Ku, Sendagaya 4-18-1,
☎ 423-1331

Ginza Nô-Bühne
Tokyo, Chûô-Ku, Ginza 6-5-15,
☎ 571-0197

Kanze Nô-Bühne
Tokyo, Shibuya-Ku, Shôtô 1-16-4,
☎ 469-5241

Hôshô Nô-Bühne
Tokyo, Bunkyô-Ku, Hongô 1-5-9,
☎ 811-4843

Kita Roppeita Nô-Bühne
Tokyo, Shinagawa-Ku, Kami Ôsaki 4-6-9,
☎ 491-7773

Umewaka Nô-Bühne
Tokyo, Nakano-Ku, Higashi Nakano 2-6-14, ☎ 363-7748

Tessenkai Nô Training Center
(Modernes Nô-Theater)
Tokyo, Nakano-Ku, Higashi Nakano 2-6-14, ☎ 363-7748
Gelegentlich finden Freilichtaufführungen auf der Bühne des Yasukuni-Schreins, vor dem Meiji-Schrein und vor allem während der Sommermonate in Kamakura, Ômiya, Kawasaki und Tokyo als Fackellicht-Nô an berühmten Tempeln statt.

_____ **Hinweis** _____
Wer oft und regelmäßig diese klassischen Theaterformen Japans besuchen will, dem sei angeraten, Mitglied in der Theatergemeinde „Azekura-Kai" zu werden. Für eine einmalige Aufnahmegebühr von 1 000 ¥ bekommt man eine Mitgliedskarte in Form der allseits beliebten Kreditkarten ausgehändigt. Aus den monatlich erscheinenden Formblättern der Theatergemeinde kann man dann nach Belieben schriftlich oder telefonisch Karten für Nô, Kabuki, Bunraku und andere zahlreiche Sonderveranstaltungen bestellen. Vorausgesetzt wird dabei, daß man für einen entsprechenden Kontostand an Guthaben auf seinem Mitgliedskonto sorgt. Das läßt sich leicht bewerkstelligen, weil in jeder Pause während irgendeiner Vorstellung ein spezieller Schalter zur Einzahlung oder Kartenbestellung für die Mitglieder geöffnet ist; zudem befindet sich ein eigener „Azekura"-Schalter am Haupteingang des National-Theaters, wo man bis abends persönlich vorsprechen kann.
Das Kabuki-Za verfügt über einen ähnlichen Freundeskreis, „Kabuki-Kai" genannt, der in einer dem Kreditkartenverfahren noch ähnlicheren Weise die Karteneinkäufe nachträglich zu vereinbarten monatlichen Raten oder in Form einmaliger Rechnungen, je nach Vereinbarung vom Bankkonto abrufen läßt.
Beide Theaterkreise bieten monatliche Sonderveranstaltungen an, und „Azekura-Kai" sorgt darüber hinaus noch dafür, daß die Mitglieder Verbilligungen bei den zahlreichen Gastspielen – auch ausländischer Ensembles – erhalten.

Modernes Theater

Seit dem Ende des letzten Jahrhunderts werden in Japan auch klassische und moderne Stücke europäischer und amerikanischer Herkunft in japanischer Sprache aufgeführt. Dabei muß man zwischen Vorführungen in versucht identischer Wiedergabe und japanisierten, melodramatischen Neuschöpfungen unterscheiden. Erstere heißen **Shingeki**, letztere **Shimpa**.

Haiyûza Theater (Shingeki)
Tokyo, Minato-Ku, Roppongi 4-9-2,
☎ 470-2880

Sunshine Theater (Shingeki)
Tokyo, Toshima-Ku, Higashi Ikebukuro 3-1-4, ☎ 989-3560

Seibu und Parco Theater (Shingeki)
Tokyo, Shibuya-Ku, Udagawa-Chô 15-1, ☎ 477-5858
Als Shimpa-Theater gilt auch das obengenannte Shinbashi Enbujô.

Zeitgenössisches und experimentelles japanisches Theater wird auf zahlreichen kleinen Bühnen gespielt. Eine wichtige Bühne ist das:

Jiyû Gekijô
Tokyo, Minato-Ku, Nishi Azabu 1-8-4, ☎ 404-3891

Avantgarde-Theater „**Angura**" wird von verschiedenen Gruppen an wechselnden Plätzen gezeigt. Bekannt sind die Scot-Truppe, das Aka Tento (Rotes Zelt) die Jiyû Gekijô sowie die Tokyo Kid Brothers.

Reines Unterhaltungstheater, Boulevardstücke, Revuen, Volkstheater, Folklore werden täglich in großen Theatern, z.B. in der Ginza-Gegend, gezeigt. Außerdem im:

Imperial Theater (Plan S. 36/25)
Tokyo, Chiyoda-Ku, Marunouchi 3-1-1, ☎ 213-7221

Tokyo Takarazuka Theater (Plan S. 36/26)
Tokyo, Chiyoda-Ku, Yûraku-Chô 1-1-3, ☎ 591-1711

---------- **Hinweise** ----------
Über das laufende Programm, auch die vielen Gastspiele, informieren die Kulturblätter (S. 93), das TIC (S. 34) sowie die Tagespresse.
Außerdem stellen die zugereichten Handzettel am Eingang eines Theaters eine wichtige Informationsquelle dar.
Aufführungen beginnen in der Regel zwischen 18.00 und 19.00 Uhr.

3. Konzertsäle

Die Auswahl an Konzertsälen ist groß. Hier sind nur einige der größten vermerkt, da im allgemeinen auf den Eintrittskarten die Adressen nicht angegeben sind.

Asahi Seimei Hall
Tokyo, Shinjuku-Ku, Nishi Shinjuku 1-7-3, ☎ 342-3111

Budôkan
Tokyo, Chiyoda-Ku, Kitanomaru Kôen 2-3, ☎ 216-0781

Daiichi Seimei Hall
Tokyo, Chiyoda-Ku, Yûraku-Chô 1-13-1, ☎ 216-3810

Hibiya Kôkaidô
Tokyo, Chiyoda-Ku, Hibiya Kôen 1-3, ☎ 591-6388

Hibiya Outdoor Music Auditoriums
Tokyo, Chiyoda-Ku, Hibiya Kôen 1-5, ☎ 591-6383

Hitomi Memorial Hall
Tokyo, Setagaya-Ku, Taishidô 1-7-57, ☎ 411-5111

Kanagawa Kenritsu Ongakudô
Yokohama, Nishi-Ku, Momijigaoka 9-2, ☎ (045) 241-3131

Kenmin Hall
Yokohama, Naka-Ku, Yamashita-Chô 3-1, ☎ (045) 662-5901

NHK Hall
150 Tokyo, Shibuya-Ku, Jinnan 2-2-1, ☎ 465-1111
Saal des staatlichen Rundfunks.

Open Theater East (im Yomiuri Rando)
Inagi-Shi, 3294 Yanokuchi,
☎ (044) 966-1111

Kulturelles Leben in Tokyo

Shinjuku Cultural Center
Tokyo, Shinjuku-Ku, Shinjuku 6-14-1,
☎ 350-1141

Suntory Hall
Tokyo, Minato-Ku, Akasaka 1-13-1,
☎ 505-1001

Tokyo Bunka Kaikan
Tokyo, Taitô-Ku, Ueno Kôen 5-45,
☎ 828-2111

Yamaha Hall
Tokyo, Chûô-Ku, Ginza 7-9-14,
☎ 572-3129

Yûraku-Chô Asahi Hall
Tokyo, Chiyoda-Ku, Yûraku-Chô 2-5-1,
Yûraku-Chô Mullion Bldg. 11 F.,
☎ 284-013

_____ **Hinweis** _____
Verkaufsstellen von Eintrittskarten siehe Seite 93.

4. Kinos

Die großen Erstaufführungskinos liegen in den Hauptgeschäftsvierteln Ginza, Shinjuku und Shibuya. Hinweise auf das laufende Tagesprogramm entnehmen Sie bitte der Tagespresse. Die letzte Vorstellung beginnt meist schon um 18.30 Uhr. Ausländische Filme werden oft in Originalton mit Untertiteln gezeigt. In den sog. Programmkinos können Sie mehrere Filme eines Genre für wenig Geld nacheinander sehen.

Bungeiza und Bungei Chika
(Alte jap. Filme)
Tokyo, Toshima-Ku, Higashi Ikebukuro 1-43-4, ☎ 971-9422

Cinema Rise Shibuya
Tokyo, Shibuya-Ku, Udagawa-Chô 13-17,
☎ 464-0052

Cinema Square Tôkyû
Tokyo, Shinjuku-Ku, Kabuki-Chô 1-29-1,
☎ 232-9274
Kleines Kino, das sehr gute Filme zeigt, die in den großen nicht aufgeführt werden.

Cinema Ten
Tokyo, Minato-Ku, Roppongi 4-9-2, Haiyûza Bldg. Room 608, ☎ 401-4073

Cine Vivant Roppongi
Tokyo, Minato-Ku, Roppongi 6-2-27,
☎ 403-6061

Ginza Theater Seiyû
Tokyo, Chûô-Ku, Ginza 1-11-2,
☎ 535-6000
Kleines Kino mit nur 167 Sitzen. Zeigt oft Filme, die sonst nicht zu sehen sind.

Iwanami Hall
Tokyo, Chiyoda-Ku, Kanda Jimbô-Chô 2-1, ☎ 262-5252
Bei diesem Kino kann man Mitglied werden. Die Mitgliedschaft kostet 2000 ¥ für 2 Jahre, dafür erhält man Informationsblätter und verbilligte Eintrittskarten.

Kineca Ômori 1 • 2 • 3
Tokyo, Shinagawa-Ku, Minami Ôi 6-27-25, Seiyû Store Bldg. 5 F, ☎ 762-6000
3 Kinos, die zum Teil ausgezeichnete Filme spielen.

Tokyo Onkyô
Tokyo, Chûô-Ku, Yûraku-Chô 1-8-1,
☎ 201-8111
Bei Mitgliedschaft bekommen Sie alle Kinokarten im Vorverkauf und billiger.

Yûraku-Chô Mullion
Tokyo, Chiyoda-Ku, Yûraku-Chô 2-5-1,
☎ 574-1131
Marunouchi Piccadilly 1 ☎ 201-2881
Marunouchi Piccadilly 2 ☎ 201-3720
Gebäude mit mehreren Kinos: Nihon Gekijô, Nichigeki Tôhô, Nichigeki Plaza.

5. Programminformationen / Vorverkauf von Eintrittskarten

Im allgemeinen bekommen Sie Eintrittskarten bei den unten genannten Adressen, in den Kaufhäusern oder auch in Musikgeschäften.
Programminformationen finden Sie in der Tagespresse oder in den unten angegebenen Programmblättern.

Programminformationen

forecast
Tokyo, Minato-Ku, Nishi Azabu 2-21-2, ☎ 400-3386
Programmvorschau für Konzerte, zweimal monatlich.

Pia (nur jap.)
102 Tokyo, Chiyoda-Ku, Kôjimachi 2-5, ☎ 261-9111
Veranstaltungskalender, der zweimal im Monat erscheint. Verkauf an allen Bahnhofskiosken und bei Zeitungshändlern.

Tokyo Journal
151 Tokyo, Shibuya-Ku, Sendagaya 3-7-4, MSD 15 Bldg., ☎ 470-7710
Monatlich. Kulturelle Artikel und Überblick über Veranstaltungen in englischer Sprache. Abonnement möglich.

Tour Companion
104 Tokyo, Chûô-Ku, Tsukiji 5-3-3, ☎ 542-8521
Erscheint wöchentlich, gibt Infos über jap. Festivals, ausgesuchte Konzerte, Theater und Museen.

Kartenvorverkauf

Akigiya Playguide
Tokyo, Chûô-Ku, Nihonbashi 2-2-8, ☎ 273-5481

Isetan Playguide
(Kaufhaus Isetan, Erdgeschoß)
Tokyo, Shinjuku-Ku, Shinjuku 3-14-1, ☎ 352-1111 (Zentrale)

Kyûkyodô Playguide
Tokyo, Chûô-Ku, Ginza 5-7-4, ☎ 571-0401

Matsuya Playguide
(Kaufhaus Matsuya auf der Ginza)
Tokyo, Chûô-Ku, Ginza 3-6-1, ☎ 567-8888

Seibu Kaufhaus
Tokyo, Shibuya-Ku, Udagawa-Chô 21-1, ☎ 462-0621

Sukiyabashi Playguide
Tokyo, Chûô-Ku, Ginza 7-3-13, New Ginza Bldg., ☎ 573-3675

Yamaha Ginza (Musikgeschäft)
Tokyo, Chûô-Ku, Ginza 6-9-5, ☎ 571-4094

Yamaha Shibuya (Musikgeschäft)
150 Tokyo, Shibuya-Ku, Shibuya 2-22-8, Natori Bldg., ☎ 409-0093

Hinweise

Weitere Informationen über Kartenvorverkaufsstellen liefern auch die oben genannten Programmzeitschriften.

Folgende Fachleute und Freunde der OAG können Ihnen Informationen über sehr seltene Konzerte folgender Instrumente liefern:

Biwa: Herr Hugh de Ferranti, ☎ 824-3067
Koto: Herr Brian Yamakoshi, ☎ 424-6690
Musikberatung: Herr Christopher Blasdel-Kimura, ☎ 332-5339
Shakuhachi / Shamisen: Herr David Wheeler-Uchiyama, ☎ 422-2201

Kulturelles Leben in Tokyo

6. Bibliotheken

American Center Library
Tokyo, Minato-Ku, Shiba Kôen 2-6-3, ABC Bldg., ☎ 436-0901
Etwa 180 amerikanische Zeitschriften sind einzusehen.

British Council Library
Tokyo, Shinjuku-Ku, Kagurazaka 1-2, Kenkyûsha English Center ☎ 235-8031
Enthält etwa 18 000 in Großbritannien veröffentlichte Bücher.

Goethe Institut-Bibliothek (Plan S. 28/4)
Im OAG-Haus, ☎ 584-3201

National Diet Library
Tokyo, Chiyoda-Ku, Nagata-Chô 1-10-1, ☎ 581-2331
Diese Bibliothek enthält ein Exemplar von jedem Buch, das in Japan veröffentlicht wurde.

OAG Bibliothek (Plan S. 28/4)
Im OAG Haus, ☎ 584-3201

The World Magazine Gallery
104 Tokyo, Chûô-Ku, Ginza 3-13-10, ☎ 545-7227
Bibliothek von sehr vielen Zeitschriften der Welt, darunter etwa 100 deutsche. Die Zeitschriften können nicht entliehen werden, es stehen jedoch Kopierer zur Verfügung.

Tokyo Baptist Church (Plan S. 26)
Tokyo, Shibuya-Ku, Hachiyama-Chô 9-2, ☎ 461-8425
Leihbücherei mit Büchern in engl. Sprache.

Toritsu Toshokan
(Bibliothek der Stadt Tokyo)
Tokyo, Minato-Ku, Minami Azabu 5-7-13, ☎ 442-8451

7. Kurse

I. Go / Shôgi / Schach

Go

Nihon Kiin Kaikan
Tokyo, Chiyoda-Ku, Goban-Chô 7-2, ☎ 262-6161

Takadanobaba Go Club
Tokyo, Shinjuku-Ku, Takadanobaba 1-26-5, ☎ 208-0279
Extra-Kurse für Ausländer.

Go-Abende finden einmal monatlich in der OAG statt. Auskunft erteilt das OAG-Büro, ☎ 582-7743

Shôgi

Nihon Shôgi Renmei Kaikan
(Japan Shôgi Federation)
Tokyo, Shibuya-Ku, Sendagaya 2-39-9, ☎ 408-6161

Schach

The Chess Center
Tokyo, Shibuya-Ku, Udagawa-Chô 12-7, ☎ 462-1515

II. Japanische Sportarten

Folgende Institutionen führen selbst Trainingsstunden durch, können Ihnen aber sicher auch Vereine in der Nähe Ihrer Wohnung nennen.

Nippon Budôkan
(verschiedene Sportarten)
Tokyo, Chiyoda-Ku, Kitanomaru Kôen 2-3, ☎ 420-3434 / 216-5100, 216-5123, 216-5134, 216-5147

Kurse

Aikido (Zentralschule)
Tokyo, Shinjuku-Ku, Wakamatsu-Chô 17-18, ☎ 203-9236

Jûdô

Kôdôkan
Tokyo, Bunkyô-Ku, Kasuga 1-16-30, ☎ 818-4172 / 811-7152

Karate

Japan Karate Association
Tokyo, Shibuya-Ku, Ebisu Nishi 1-6-1, ☎ 462-1415

Kendô

Go Dô Kan
Tokyo, Ôta-Ku, Ômori Naka 1-9-5, ☎ 762-8037

Kyûmeikan
Tokyo, Itabashi-Ku, Akatsuka Shinmachi 2-1-7, ☎ 930-4636

Meguro-Ku Chûô Taiikukan
Tokyo, Meguro-Ku, Meguro Honchô 5-22-8, ☎ 714-9591

Shûseikan
Tokyo, Setagaya-Ku, Kyôdô 1-30-17, ☎ 420-3434

_____ **Literaturangabe** _____
„Japan Sports Guide"
Foreign Press Club, Yûraku-Chô 1-7-1, Denki Bldg. 20 F, ☎ 211-3161

III. Traditionelle japanische Künste

Bonsai

Nippon Bonsai Sakkai Institute
151 Tokyo, Shibuya-Ku, Sendagaya 4-5-15, Stork Meiju Mansion 7 F, Room 705, ☎ 401-0923,
☎ (0429) 53-8658 (in engl. Sprache)
Erlernen von Zucht und Pflege von „Zwergbäumen" (Bonsai)

_____ **Hinweis** _____
Falls Sie einen „Bonsai" problemlos nach Deutschland importieren möchten, besorgen Sie sich bitte ein Zertifikat bei:
Yokohama Plant Protection Station / Tokyo Branch, ☎ 471-4113.

Ikebana

Beim Ikebana gibt es Kurse in drei Stilrichtungen: Sôgetsu, Ôhara und Ikenobô.

Ikenobô Schule
Tokyo, Chiyoda-Ku, Kanda Surugadai 2-3, ☎ 292-3071

Ikebana International
(vermittelt Lehrer und Kurse)
Tokyo, Chiyoda-Ku, Kanda Surugadai 1-6, ☎ 297-8188

Ôhara Ikebana Center
(vermittelt Lehrer und Kurse)
Tokyo, Minato-Ku, Minami Aoyama 5-1-26, ☎ 400-6835

Kulturelles Leben in Tokyo

The Ôhara School
Tokyo, Minato-Ku, Minami Aoyama 5-7-17, Ôhara Kaikan, ☎ 499-1200

Sôgetsu Schule (Plan S. 28/7)
Tokyo, Minato-Ku, Akasaka 7-2-21, Sôgetsu Kaikan, ☎ 408-1126

Ikebana in der OAG
Erkundigen Sie sich bitte im Sekretariat, ☎ 582-7743

Ikebana in der Tokyo Baptist Church
Erkundigen Sie sich bitte beim Pfarramt, ☎ 461-8425

Tanaka Keiko
Tokyo, Setagaya-Ku, Komazawa 3-1-5, ☎ 795-4972
Frau Tanaka gibt einmal pro Woche Ikebana an der Deutschen Schule und führt außerdem noch privat Kurse durch.

Kalligraphie / Sumie

Asahi Culture Center
160-91 Tokyo, Shinjuku-Ku, Nishi Shinjuku 2-6-1, Sinjuku Sumitomo Bldg., ☎ 344-1941
Veranstaltet verschiedene Kurse in traditionellen japanischen Künsten.

Naganuma School
☎ 463-7261/2
Kalligraphieunterricht in engl. Sprache. Termine erfragen Sie bitte im Sekretariat.

OAG
☎ 582-7743
Auskunft über Sumie-Kurse an der OAG erteilt das OAG-Büro.

Ôta Suiko (Sumie)
Tokyo, Shibuya-Ku, Ebisu Nishi 2-11-24, ☎ 476-5436

Tokyo Baptist Church
☎ 461-8425

Unterricht in engl. Sprache in verschiedenen traditionellen jap. Künsten.

Tôkyû Hands (jap.) (Plan S. 73/1)
☎ 476-5461
Unterricht in versch. jap. Künsten.

Teezeremonie

Dai Nihon Sadô Gakkai
(Gesellschaft für Teezeremonie Japans)
Tokyo, Shinjuku-Ku, Samon-Chô 20, ☎ 351-1073

Sakurakai (Ikebana und Teezeremonie)
Tokyo, Shinjuku-Ku, Shimo Ochiai 3-2-25, ☎ 951-9043

IV. Kochkurse

Akabori Cooking School (englisch)
Tokyo, Toshima-Ku, Mejiro 3-1-40, ☎ 953-2251

Egami Tomi Cooking School (englisch)
Tokyo, Shinjuku-Ku, Ichigawa Sanai-Chô 21, ☎ 269-0281

Frau Iwasaki
☎ 956-6009
gibt privaten Kochunterricht in chinesischer, japanischer und koreanischer Küche, spricht jedoch wenig Englisch. Ab 5 Personen kommt sie ins Haus.

Nancy Ma's
Tokyo, Minato-Ku, Mita 2-7-1, Chateau Mita, ☎ 453-7092

Tokyo Baptist Church (Plan S. 26)
Japanische, chinesische, indische Küche.
☎ 461-8425

Tokyo Kaikan Cooking School
Tokyo, Chiyoda-Ku, Marunouchi 3-2-1,
☎ 215-2111

Tokyo Masuda College (engl.)
Tokyo, Edogawa-Ku, Hirai 4-13-4,
☎ 685-8555

V. Malkurse

Asahi Culture Center
Tokyo, Shinjuku-Ku, Nishi Shinjuku 2-6-1,
Shinjuku Sumitomo Bldg., ☎ 344-1941
Veranstaltet Kurse in verschiedenen Techniken.

Kobayashi Kaiga Kyôshitsu
143 Tokyo, Ôta-Ku, Sannô 4-2-2,
☎ 771-1522

Ômori Malschule
143 Tokyo, Ôta-Ku, Sannô 3-29-6,
☎ 771-5346

Tôkyû Hands (japanisch) (Plan S. 73/1)
☎ 476-5461
Kurse in verschiedenen Maltechniken.

VI. Musikunterricht

Geige

Izuminosono Violin School (engl./franz.),
☎ 953-2883
Frau Miyagawa, ☎ 721-5578
Herr Saitô (deutsch), ☎ 729-8998

Gesang

Herr Takaoiri (deutsch), ☎ 729-0011
Frau Uzuka (deutsch), ☎ 369-7257

Gitarre

Niibori Guitar Music School (englisch),
☎ 312-0166

Sakon Keisuke (Unterricht an der DST)
260 Chiba-Shi, Takahama 4-10-3-102,
☎ (0472) 79-5146
Taisui Music School (englisch),
☎ 379-1541

Horn

Herr Aida (deutsch), ☎ (0423) 95-4162

Klavier / Klavierstimmer

Frau Fuji (deutsch), ☎ 754-7710
Frau Tsuda (deutsch), ☎ 309-3992
Frau Yokoya (engl. und etwas deutsch),
☎ 729-3714
Yamaha Shibuya (Klavierstimmer),
☎ 400-1788

Arai Piano / Chôritsujô (Klavierstimmer/deutsch)
239 Yokusuka-Shi, Zukui 568,
☎ (0468) 49-4633

Koto

Miyagi Kiyoko, Tokyo, Shinjuku-Ku,
Naka-Machi 35, ☎ 260-0308
Vermittelt eventuell ihre Schüler als Lehrer.

Nitobe Michiko, ☎ 480-6923
Kann noch weitere Lehrer für klassische jap.
Musik vermitteln.

Viola

Herr Uzuka (deutsch), ☎ 369-7257

Schlagzeug

Herr Aruya (engl.), ☎ (0422) 46-5123

_____ **Hinweis** _____

Weitere Informationen geben Ihnen gerne die
Musiklehrer der Deutschen Schule.

VII. Näh- und Strickkurse

Academy Yôsai Gakuin (jap./Nähkurse)
Tokyo, Minato-Ku, Kita Aoyama 3-5-17,
☎ 402-1083

Bunka Fukusô Gakuin (Nähen/jap.)
Tokyo, Shibuya-Ku, Yoyogi 3-22-1,
☎ 370-3111

Hattori School (engl./deutsch)
156 Tokyo, Setagaya-Ku, Kamikitazawa
3-31-15, ☎ 302-1013
Kurse in Sticken, Nähen, Weben, Stricken.

Roppongi Toki Yôsai Gakuin
(Nähen/jap.)
Tokyo, Minato-Ku, Roppongi 3-14-17,
☎ 401-8506

Sugino Gakuen (Nähen/jap.)
Tokyo, Shinagawa-Ku, Kami Ôsaki 4-6-19,
☎ 491-8151

Tokyo Baptist Church
(Handarbeitskurse/ englisch)
☎ 461-8425

Tokyo Masuda College
(Nähen/japanisch/englisch)
Tokyo, Edogawa-Ku, Hirai 4-13-4,
☎ 684-2255

VIII. Yoga / Meditation / Zazen

Ghosh Yoga Institute of Japan
Tokyo, Shinjuku-Ku, Shinjuku 2-8-4,
☎ 352-1307

Jiho Sargent (engl.)
☎ 950-0979
Regelmäßige Sitzungen, Anleitung für Anfänger.

Tokyo Yoga Center
Tokyo, Shinjuku-Ku, Shinjuku 1-26-12,
☎ 354-4701

Yoga College of India (Tokyo Branch)
Tokyo, Shinjuku-Ku, Udagawa-Chô 12-3,
☎ 461-7805

Vipassana (indische Meditation)
Informationen darüber erteilt: Herr Rainer
Sandrock – JERS, 157 Tokyo, Setagaya-Ku,
Kinuta 8-26-28, Takenoko House

8. Clubs / Vereine

I. Musik Clubs

Kirisato Space (Musik Club)
Tokyo, Ôta-Ku, Chûô 5-27-13, ☎ 754-9725
Mitgliedsbeitrag 3000 ¥ jährlich. Hauskonzerte.

Salon de Horaizaka (Musik Club)
Tokyo, Ôta-Ku, Chûô 5-22-6, ☎ 754-7710
Hauskonzerte.

II. Sport Clubs

Bei folgenden Sport Clubs müssen Sie mit einem Monatsbeitrag ab 5 000 ¥ (eher 10 000 ¥) und einer Eintrittsgebühr von mindestens 10–20 000 ¥ rechnen.

Clark Hatch's Physical Fitness Center
(nur für Männer)
Tokyo, Minato-Ku, Azabudai 2-1-3, Azabu Towers, ☎ 584-4092

Clark Hatch's Swedish Health Center
(nur für Frauen)
Tokyo, Minato-Ku, Roppongi 6-11-9,
Sweden Center Bldg., ☎ 404-9739

Denen Tennis Club
Tokyo, Ôta-Ku, Denenchôfu 2-31-1,
☎ 721-4607

Clubs / Vereine

Do Sports Plaza
Tokyo, Kôtô-Ku, Toyosu 5-6, Harumi,
☎ 531-8221
Tokyo, Shinjuku-Ku, Nishi Shinjuku 2-6,
☎ 344-1971
Gymnastik, Fitnesstraining, Squash, Sauna, Hallenbad

Fujimidai Tennis Club
Tokyo, Nerima-Ku, Fujimidai 4-15-2,
☎ 998-5671

Green Hills Tennis Club
Tokyo, Ôta-Ku, Naka Ikegami 1-9,
☎ 755-3900

Hankyû Ôi Tennis School
140 Tokyo, Shinagawa-Ku, Ôi 1-50-5,
☎ 778-3344
Günstige Tenniskurse.

Isetan Sports Club
Tokyo, Setagaya-Ku, Fukazawa 1-7-2,
☎ 704-1811
Squash, Golf, Sauna, Hallenbad

Komazawa Royal Tennis Club
Tokyo, Setagaya-Ku, Fukazawa 2-6-19,
☎ 704-5300

Nakano Sun Plaza
Tokyo, Nakano-Ku, Nakano 4-1-1,
☎ 388-1151
Verschiedene Sportarten, Hallenbad. Sa/So Schwimmen für jedermann.

Ôkura Hotel Health Club
Tokyo, Minato-Ku, Toranomon 10-4,
☎ 582-0111
Gymnastik, Sauna, Schwimmbad, Massage.

Renaissance Tennis School
Tokyo, Ôta-Ku, Kamata 5-36-36,
☎ 736-2001

Tokyo Abalon Riding Farm (Reit-Club)
Tokyo, Setagaya-Ku, Noge 3-19-2,
☎ 701-0573

Tokyo American Club (Plan S. 52/3)
106 Tokyo, Minato-Ku, Azabudai 2-1-2,
☎ 583-8381
Verschiedenste Sportarten.

Tokyo Athletic Club (TAC)
Tokyo, Nakano-Ku, Nakano 2-14-16,
☎ 384-2131
Fitness, Squash, Tischtennis, Sauna, Hallenbad.

Tokyo Baptist Church (Plan S. 26)
☎ 461-8425
Gymnastik für Frauen. Bitte erkundigen Sie sich nach weiteren Einzelheiten beim Sekretariat.

Tokyo Horseback Riding Club
(Reit-Club)
Tokyo, Shibuya-Ku, Kamizono-Chô 4-8, Yoyogi, ☎ 370-0984

Tokyo Lawn Tennis Club (Plan S. 14/4)
Tokyo, Minato-Ku, Minami Azabu 5-6-41,
☎ 473-1545

Tokyo YMCA Gymnasium
Tokyo, Chiyoda-Ku, Kanda Mitoshiro-Chô 7, ☎ 293-7011 / 202-0321

Turner Health Club
Tokyo, Bunkyô-Ku, Ôtsuka 3-1-1,
☎ 944-0586
Gymnastik, Sauna, Fitness.

United Sports Club (Plan S. 65/5)
Tokyo, Ôta-Ku, Sannô 1-3-1, ☎ 773-7991
Fitness Training, Sauna, Hallenbad.

Women's Sports Club SAN AI (Plan S. 65/3)
143 Tokyo, Ôta-Ku, Ômori Kita 1-6-16,
☎ 764-4151

Yokohama Country and Athletic Club
Yokohama, Naka-Ku, Yaguchidai 1-11,
☎ (045) 623-8121
Familien Club mit weitgefächertem sportlichem Angebot.

Yokohama International Tennis Community (YITC)
Yokohama, Naka-Ku, Yamate-Chô 230, ☎ (045) 681-9528

III. Sonstige Clubs

Am Brunnen
Verein zur Förderung deutsch-japanischer Beziehungen e.V. Tokyo, Chiyoda-Ku, Ichiban-Chô 6-1, ☎ 261-2943

Association of Foreign Wives of Japanese
Frau Yamauchi, Miyazaki 100-5, Miyamae-Ku, Kawasaki-Shi, Kanagawa-Ken 213, ☎ (044) 855 6343 oder ☎ 264-4347 (TELL)

Bicultural Families
Frau Pam Noda, ☎ (0422) 49-6404

Deutsch-Japanischer Freundeskreis
Frau Michiko Matano, ☎ 400-1545

Deutschsprachige Frauen
(mit Japanern verheiratet)
Frau Karin Yokoi, ☎ 444-7719

Intercultural Gathering
Tokyo, Minato-Ku, Nishi Shinbashi 2-13-6, Mitani Bldg. 3 F, ☎ 504-2387
Mit Vorträgen zu verschiedenen Themen zu Gastländern und zu Japan.

International Women's Club
Tokyo, Shinagawa-Ku, Nishi-Ôi 2-21-6, ☎ 773-6501
Freundeskreis von Japanern und in Japan lebenden Ausländern.

Swiss Club Tokyo
106 Tokyo, Azabu P.O. Box 38

The Foreign Correspondents' Club of Japan
100 Tokyo, Chiyoda-Ku, Yûraku-Chô 1-7-1, Yûraku-Chô Denki Bldg. 20 F., ☎ 211-3161

(H) Unterkünfte / Lokale

„Haben Sie schon einmal frischeren Fisch erlebt?"

1. Hotels

Diese Liste kann nur eine kleine Auswahl der Hotels in Tokyo darbieten. Vollständige Listen erhalten Sie in den Reisebüros oder beim Tourist Information Center (Seite 36).
Telefonnummern einiger Hotels in den Ausflugsgebieten entnehmen Sie bitte dem Kapitel Ausflüge/Wandern (S. 114).

Luxushotel / Hotels gehobener Preisklasse

In den folgenden Hotels zahlen Sie pro Person und Nacht ab 10 000 ¥. Hier sind nur die Telefonnummern angegeben, da jeder Taxifahrer diese Hotels kennt.

Akasaka Prince Hotel (Akasaka)
☎ 234-1111

Akasaka Shinpia Hotel (Akasaka)
☎ 583-1001

Akasaka Tôkyû Hotel (Akasaka)
☎ 580-2311

ANA Hotel / Zennikkû Hotel (Akasaka)
☎ 505-1111

Capital Tôkyû Hotel (Akasaka)
☎ 581-4511

Fairmont Hotel (Kudan)
☎ 262-1151

Gajôen Kankô Hotel
☎ 491-0111

Ginza Daiichi Hotel (Ginza)
☎ 542-5311

Ginza Nikkô Hotel (Ginza)
☎ 571-4911

Hilton Hotel (Plan S. 28/2)
☎ 344-5111

Hilltop / Yamanoue Hotel (Ochanomizu)
☎ 293-2311

Holiday Inn
Yokohama, Naka-Ku, Yamashita-Chô 77,
☎ (045) 681-3311

Unterkünfte / Lokale

Imperial Hotel / Teikoku Hotel (Hibiya)
☎ 504-1111 (Plan S. 63/6)

Keiô Plaza Hotel (Shinjuku)
☎ 344-0111 (Plan S. 50/3)

Kokusai Kankô Hotel (Marunouchi)
☎ 215-3281

Marunouchi Hotel (Marunouchi)
☎ 215-2151

Miyako Hotel (Meguro)
☎ 447-3111

New Ôtani Hotel (Akasaka)
☎ 265-1111 (Plan S. 28/3)

Ôkura Hotel (Akasaka)
☎ 582-0111

Pacific Hotel
☎ 445-6711

Palace Hotel (Ôtemachi)
☎ 211-5211

President Aoyama Hotel (Aoyama)
☎ 497-0011

Hotel Rich
Yokohama, Nishi-Ku, Kita Saiwai 1-11-3
☎ (045) 312-2111

Shinagawa Prince Hotel (Shinagawa)
☎ 440-1111

Shintakanawa Prince Hotel (Shinagawa)
☎ 442-1111

Takanawa Prince Hotel (Shinagawa)
☎ 447-1111

Tokyo Prince Hotel (Shiba)
☎ 432-1111 (Plan S. 52/2)

Yokohama Hotel
Yokohama, Naka-Ku, Yamashita-Chô 6-1
☎ (045) 662-1321

Yokohama Prince Hotel
Yokohama, Isogo-Ku, Isogo 3-13-1
☎ (045) 753-2211

Preislich günstigere Hotels

Ab 5 000 ¥ pro Person/Nacht; von „Japan National Tourist Organisation" empfohlen.

Coop Inn Shibuya
Tokyo, Shibuya-Ku, Jingûmae 6-24-4,
☎ 486-6600
8 Minuten vom Bahnhof Shibuya oder Harajuku.

Ginza Capitol Hotel
Tokyo, Chûô-Ku, Tsukiji 3-1, ☎ 543-8211
2 Minuten vom Tsukiji Bahnhof der Hibiya Linie.

Hotel Hokke Club Ueno Ekimae
Tokyo, Taitô-Ku, Ueno 6-9-19, ☎ 834-4131
3 Minuten vom Ueno Bahnhof.

Keihin Hotel
Tokyo, Minato-Ku, Takanawa 4-10-20,
☎ 449-5711
1 Minute vom Shinagawa Bahnhof.

Lions Hotel Shinjuku
Tokyo, Shinjuku-Ku, Kabuki-Chô 2-22-1,
☎ 208-5111
10 Minuten vom Bahnhof Shinjuku der Yamanote- oder Chûô Linie.

Miyako Hotel
Tokyo, Shinjuku-Ku, Takadanobaba 1-24-18, ☎ 200-2180
2 Minuten vom Takadanobaba Bahnhof.

New Grand Hotel Yokohama
Yokohama, Naka-Ku, Yamashita-Chô 10,
☎ (045) 681-1841

New Ôtani Inn
Yokohama, Naka-Ku, Sueyoshi 4-81,
☎ (045) 252-1311

Ryokan / Minshuku (Pensionen)

Shinjuku New City Hotel
Tokyo, Shinjuku-Ku, Nishi Shinjuku 4-31-1, ☎ 375-6511
15 Minuten vom Bahnhof Shinjuku.

Suehiro Hotel
Tokyo, Ôta-Ku, Nishi Kamata 8-1-5, ☎ 734-6561
1 Minute vom Bahnhof Kamata.

Tokyo Green Hotel Awaji-Chô
Tokyo, Chiyoda-Ku, Kanda Awaji-Chô 2-6, ☎ 255-4161
6 Minuten vom Bahnhof Ochanomizu.

Tokyo YMCA Hotel
Tokyo, Chiyoda-Ku, Kanda Mitoshiro-Chô 7-1, ☎ 293-1911
3 Minuten vom Awaji-Cho Bahnhof der Marunouchi Linie.

2. Ryokan / Minshuku (Pensionen)

Übernachtungen zwischen 3 500 und 5 000 ¥.

Inabaso Ryokan
160 Tokyo, Shinjuku-Ku, Shinjuku 5-6-13, ☎ 341-9581
3 Minuten vom Shinjuku Bahnhof. Übernachtung ab 3900 ¥.

Katsutarô Ryokan
110 Tokyo, Taitô-Ku, Ikenohata 4-16-8, ☎ 821-9808
5 Minuten vom Nezu Bahnhof / Ikenohata-Ausgang. Übernachtung ab 3600 ¥.

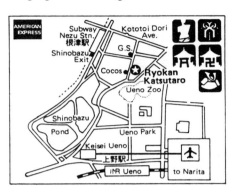

Kikuya Ryokan
111 Tokyo, Taitô-Ku, Nishi Asakusa 2-18-9, ☎ 841-6404
8 Minuten vom Tawara-Chô Bahnhof der Ginza Linie. Übernachtung ab 3500 ¥.

Kimi Ryokan (Plan S. 104)
Tokyo, Toshima-Ku, Ikebukuro 2-1034, ☎ 971-3766
Übernachtung ab 3500 ¥. Bei längerem Aufenthalt wird es billiger. Benutzen Sie am Bahnhof Ikebukuro den Westausgang (Nishiguchi) und fragen Sie bei der Polizei nach einem Plan.

Unterkünfte / Lokale

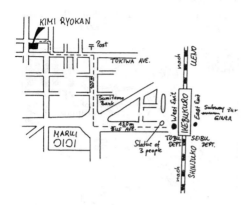

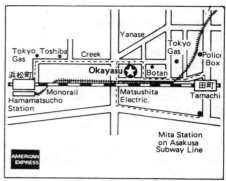

Sansuisô Ryokan
141 Tokyo, Shinagawa-Ku, Nishi Gotanda 2-9-5, ☎ 441-7475
5 Minuten vom Bahnhof Gotanda. Übernachtung ab 3800 ¥.

Mikawaya Bekkan Ryokan
111 Tokyo, Taitô-Ku, Asakusa 1-31-11, ☎ 843-2345
5 Minuten vom Asakusa Bahnhof der Ginza Linie. Übernachtung ab 4500 ¥.

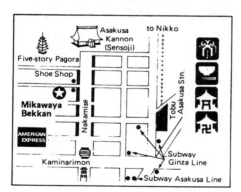

Okayasu Ryokan
105 Tokyo, Minato-Ku, Shiba Ura 1-7-11, ☎ 452-5091
12 Minuten vom Bahnhof Hamamatsu-Chô. Übernachtung ab 3600 ¥.

Anmerkungen

Minshuku sind kleine Familienpensionen, die preislich zwischen den Ryokan und den Jugendherbergen liegen. Es gibt sie über ganz Japan verteilt. Es ist einfach, sie zu buchen, da fast alle der

Japan Minshuku Association (JMA)
Tokyo, Shinjuku-Ku, Hyakunin-Chô 2-10-8, 201 New Pearl Bldg., ☎ 371-8120

angehören. Buchungen sind möglich bei:
JMA Shinjuku ☎ 356-7851
JMA Shibuya Parco ☎ 988-6776
JMA Tokyo Station ☎ 274-6677
JMA Kôtsûkaikan Yûraku-Chô ☎ 216-6556
Man spricht Englisch. Dort erhalten Sie auch einen Minshuku-Führer durch ganz Japan in Englisch.

3. Jugendherbergen und billige Übernachtungsmöglichkeiten

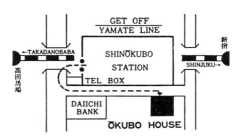

Übernachtungen ab ca. 1 000 ¥. Auch das „Tokyo Journal" (Seite 93) empfiehlt günstige Hotels und Pensionen.
Möchten Sie während Ihrer Reisen in Japan in Jugendherbergen übernachten, so benötigen Sie dazu einen Mitgliedsausweis der Gesellschaft der japanischen Jugendherbergen. Diesen erhalten Sie bei:

Japan Youth Hostel Hoken Kaikan
162 Tokyo, Shinjuku-Ku, Sadohara-Chô 1-2, Ichigaya, ☎ 268-4716 / 269-5831
Der Ausweis kostet je nach Alter der Person oder der Größe der Familie zwischen 800–2500 ¥. Sie brauchen dafür ein Paßfoto. Dort können Sie auch ein Handbuch über alle Jugendherbergen Japans kaufen.

English House
Tokyo, Toshima-Ku, Nishi Ikebukuro 23-8, ☎ 988-1743
Übernachtungen ab 1500 ¥. Nur für Studenten und Schüler. Längeres Einmieten möglich. 6 Minuten von Mejiro Bahnhof.

Kanagawa Youth Hostel
Yokohama, Nishi-Ku, Momijigaoka 1, ☎ (045) 241-6503

Maharaja Palace
Tokyo, Ota-Ku, Minami Yukigaya 1-19-10, ☎ 748-0569/71
Herr Itô spricht etwas Deutsch.

Ôkubo House
Tokyo, Shinjuku-Ku, Hyakunin-Chô 1-11-32, ☎ 361-2348
Übernachtungen ab 1500 ¥, am Shinôkubo Bahnhof.

Yokohama YMCA
Yokohama, Naka-Ku, Yamashita-Chô 225, ☎ (045) 681-2903
Nur für weibliche Gäste.

Yoshida House
Yoshida House I, 153 Tokyo Kôtô-Ku, Tôyô 1-19-14, ☎ 649-9544 / 649-9571
Yoshida House II, Tokyo, Nerima-Ku, Kami Itabashi, Nishiki 1-36-7, ☎ 931-6709
Yoshida House III, Tokyo, Nerima-Ku, Minami Ôizumi 5-4, Ôizumi Gakuen, ☎ 978-3984
Übernachtung in Zweibettzimmern ab 1000 ¥. Mieten von Zimmern über einen längeren Zeitraum möglich.

Yoyogi Youth Hostel
151 Tokyo, Shibuya-Ku, Kamizono-Chô 3-1, ☎ 467-9163
Telefonische Reservierung ist angebracht. Eine Übernachtung ca. 1700 ¥.

_____ **Hinweis** _____

Telefonnummern von Jugendherbergen in einigen Ausflugsgebieten entnehmen Sie bitte dem Kapitel Ausflüge/Wandern (Seite 114ff).

Unterkünfte / Lokale

Deutscher als deutsch sind die japanischen Wirtinnen!

4. Deutsche Lokale

Alte Liebe Ginza
Tokyo, Chûô-Ku, Ginza 7-8, ☎ 573-4025
Mo-Sa: 11.30–14.00Uhr / 17.00–23.00 Uhr, So / Feiert.: 14.00–22.00 Uhr

Alte Liebe Jiyûgaoka
Tokyo, Meguro-Ku, Jiyûgaoka 1-24-17, ☎ 724-3074
Mo-Sa:11.30–14.00 / 17.00–23.00, So / Feiert.: 14.00–22.00 Uhr

Alte Liebe Tamagawa
Tokyo, Setagaya-Ku, Tamagawa 3-7-18, ☎ 708-0595
Täglich: 11.00–21.00 Uhr

Alte Liebe Yokohama
Yokohama, Naka-Ku, Nihon Ôdori 11, ☎ (045) 20-1223
Mo-Sa: 12.00–14.00 Uhr / 17.00–23.00 Uhr / So/Feiert.: 17.00–23.00 Uhr

Alte Liebe Yokohama Joinus
Yokohama, Nishi-Ku, Minami Saiwai 1-5, Sôtetsu Joinus B2 F, ☎ (045) 312-0181
Täglich: 12.00–22.00 Uhr

Bayern
Tokyo, Shinjuku-Ku, Kabuki-Chô 1-30-1, Shinjuku Prince Hotel Basement,
☎ 205-1111
Täglich: 7.00–22.00 Uhr

Bei Rudi
Tokyo, Minato-Ku, Akasaka 1-11-45, ☎ 586-4572
Mo-Sa: 17.00–24.00 Uhr

Essen
Tokyo, Shinjuku-Ku, Shinjuku 3-5-3, Takayama Rando Hotel, ☎ 341-8258
Tägl.: 11.30–22.30 Uhr

EX
Tokyo, Minato-Ku, Roppongi 7-7-6, ☎ 408-5487
Mo-Sa: 17.00–2.00 Uhr / Sonn- und Feiertage geschlossen

Deutsche Lokale

Germania
Tokyo, Chûô-Ku, Ginza 5-1-10,
☎ 572-2461
Mo-Sa: 17.00–24.00 Uhr

Ketels German Restaurant (Plan S. 63/4 oder 72/5)
Tokyo, Chûô-Ku, Ginza 5-5-14,
☎ 571-5056
Mo-Sa: 11.30–22.00 Uhr / So u. Feiert.: 11.30–21.00 Uhr

Lohmeyer's German Restaurant (Plan S. 72/6)
Tokyo, Chûô-Ku, Ginza 5-3-14,
☎ 571-1142
Mo-Sa: 11.30–21.15 Uhr / So u. Feiert.: 11.30–20.45 Uhr

Loreley
Tokyo, Chûô-Ku, Ginza 5-1-16,
☎ 571-5403
Mo-Sa: 17.00–2.00 Uhr

OAG-Club „Kreisel" (Plan S. 28/4)
Tokyo, Minato-Ku, Akasaka, OAG-Haus,
☎ 583-8263
Mo-Sa: 11.30–22.00 Uhr

Pauke
Tokyo, Chiyoda-Ku, Yonban-Chô 4-8, Nomura Bldg., ☎ 264-7890 / 234-2359
Mo-Sa: 11.00–2.00 Uhr

Rheingau
Tokyo, Shibuya-Ku, Shibuya 2-12-12, Sanki Bldg., Keller, ☎ 406-4407
Tägl.: 11.30–14.00 Uhr / 17.00–22.30 Uhr

Rheingold
Tokyo, Shinjuku-Ku, Shinjuku 3-15-11, Ad-Hoc-Bldg. B2, ☎ 354-2106
Tägl.: 11.30–22.30 Uhr

Weinkeller Sawa (Fr. Ishizawa)
Tokyo, Chûô-Ku, Ginza 8-10-8,
☎ 574-1349
Mo-Sa: 17.00–23.00 Uhr / So u. Feiert. geschlossen

(I) Freizeit

„Die schwimmen ja nur in eine Richtung!"

1. Sportmöglichkeiten / Stadien / Sporthallen

Für die im folgenden aufgeführten Sportmöglichkeiten brauchen Sie keine Vereinsmitgliedschaft. Falls Sie einen Sport Club suchen, in dem Sie Mitglied werden möchten, schauen Sie bitte unter den Abschnitten Seite 95 und 98 nach.

Eislaufbahnen

Ikebukuro Skate Center
Tokyo, Toshima-Ku, Kami Ikebukuro 2-5-26, ☎ 916-7171

Jingû Gaien Shinanomachi
Tokyo, Shinjuku-Ku, Kasumigaoka 5, ☎ 403-3456

Kenmin Hall
Yokohama, Naka-Ku, Yamashita-Chô 3-1, ☎ (045) 662-5901

Kôrakuen Ice Palace
Tokyo, Bunkyô-Ku, Kôraku 1-3-61, ☎ 817-6108

National Stadion Yoyogi
Tokyo, Shibuya-Ku, Jinnan 2-1-1, ☎ 468-1171

Shinagawa Sportsland
Tokyo, Minato-Ku Takanawa 4-10-30, ☎ 442-7171

Tokyo Summer Land
Tokyo, Akikawa-Shi, Kamiyotsugi, Shiraiwa 600, ☎ (0425) 58-6511

Private Freibäder

Die privaten Schwimmbäder öffnen im allgemeinen bereits Anfang bis Mitte Juni. Die genauen Öffnungstermine erfragen Sie bitte unter den angegebenen Telefonnummern. Sie müssen mit einer Eintrittsgebühr pro Tag je nach Saisonmonat zwischen 2000 und 7000 ¥ rechnen.

Sportmöglichkeiten / Stadien / Sporthallen

Capitol Tôkyû Hotel
Tokyo, Chiyoda-Ku, Nagata-Chô 2-10-3,
☎ 581-4511

Haneda Tôkyû Hotel
Tokyo, Ôta-Ku, Haneda Kûkô 2-8-6,
☎ 747-0311

Hata Central Swimming Club Ikebukuro
Tokyo, Itabashi-Ku, Minami-Chô 22,
☎ 955-8465

Hotel Ôkura
Tokyo, Minato-Ku, Toranomon 10-4,
☎ 582-0111

New Ôtani Garden Pool
Tokyo, Chiyoda-Ku, Kioi-Chô 4-1,
☎ 265-1111

Shiba Golf Pool
Tokyo, Minato-ku, Shiba Kôen 4-8-2,
☎ 433-3401

Shinagawa Sportsland
Tokyo, Minato-Ku, Takanawa 4-10-30,
☎ 442-7171

Hotel Takanawa
Tokyo, Minato-Ku, Takanawa 2-1-17,
☎ 443-9251

Takanawa Prince Hotel
Tokyo, Minato-Ku, Takanawa 3-13-1,
☎ 447-1111

Shin Takanawa Price Hotel
Adresse wie Takanawa Prince, ☎ 442-1111

Tama Tech Pool
Tokyo, Hino-Shi, Hodokubo 5-22-1,
☎ (0425) 91-0820

Toshimaen Pool
Tokyo, Nerima-Ku, Koyama 3-25-1,
☎ 990-3131

Private Hallenbäder

Ikebukuro Skate Center Pool
Tokyo, Toshima-Ku, Kami Ikebukuro
2-5-26, ☎ 916-7171

Kyôbashi Kaikan Pool
Tokyo Chûô-Ku, Ginza 1-26-1, ☎ 564-0888

Tokyo Summerland
Tokyo, Akikawa-Shi, Kamiyotsugi, Shiraiwa 600, ☎ (0425) 58-6511

Öffentliche Freibäder

Öffentliche Freibäder sind in der Sommersaison in der Regel nur 6-8 Wochen offen, manche auch nur während der Sommerferien. Sie sind im Vergleich zu den privaten Bädern sehr billig, etwa 300 ¥ für Erwachsene und 100 ¥ für Kinder für die Dauer von 3 Stunden. Die meisten öffentlichen Bäder schließen um die Mittagszeit und am Nachmittag für jeweils eine Stunde.

Chûô-Ku Kinrô Fukushi Kaikan
Tokyo, Chûô-Ku, Shintomi 1-13-14,
☎ 552-9131

Chûô-Ku Sôgô Taiikukan
Tokyo, Chûô-Ku, Nihonbashi Hama-Chô
2-59-1, ☎ 666-1501

Heiwajima Pool
Tokyo, Ôta-Ku, Heiwajima 4-2-2,
☎ 764-1414

Komazawa Olympic Pool
Tokyo, Setagaya-Ku, Komazawa Kôen 1,
☎ 421-6121

Meiji Jingû Pool
Tokyo, Shinjuku-Ku, Kasumigaoka 5,
☎ 403-3456

Tokyo Kôsei Nenkin Sports Center Pool
Tokyo, Setagaya-Ku, Ôkura 4-7-1,
☎ 416-2611

Freizeit

Öffentliche Hallenbäder

Auch diese schließen manchmal zweimal pro Tag für jeweils 1 bis 1½ Stunden. Alle öffentlichen Bäder haben montags geschlossen. Hier finden auch Schwimmkurse statt.

Chitose Onsui Pool
Tokyo, Setagaya-Ku, Funabashi 7-4,
☎ 482-4401

Chiyoda-Ku Kumin Pool
Tokyo, Chiyoda-Ku, Uchi Kanda 2-1,
☎ 256-8444

Ebara Bunka Center Onsui Pool
Tokyo, Shinagawa-Ku, Nakanobu 1-9,
☎ 785-1241

Edogawa-Ku Sports Center
Tokyo, Edogawa-Ku, Nishi Kasai 4-2-20,
☎ 675-3811

Kôtô-Ku Sports Kaikan Onsui Pool
Tokyo, Kôtô-Ku, Kita Suna 1-2-9,
☎ 649-1701

Shibuya-Ku Sports Center Pool
Tokyo, Shibuya-Ku, Nishihara 1-40,
☎ 468-9051

Shinagawa Kuritsu Onsui Pool
Tokyo, Shinagawa-Ku, Kita Shinagawa 5-6-11, ☎ 449-3011
Nur für diejenigen, die in Shinagawa-Ku wohnen oder arbeiten.

Shinjuku-Ku Sports Center Pool
Tokyo, Shinjuku-Ku, Ôkubo 3-5-1,
☎ 232-7701

Sumida Kuritsu Okunai Pool
Tokyo, Sumida-Ku, Mukôjima 5-6-13,
☎ 625-7646

Takaido Onsui Pool
Tokyo, Suginami-Ku, Takaido Higashi 3-7,
☎ 331-8652

Yaguchi Kumin Center
Tokyo, Ôta-Ku, Yaguchi 2-21-14,
☎ 758-2941

Yoyogi Stadion Pool
Tokyo, Shibuya-Ku, Jinnan 2-1-1,
☎ 468-1171

Yumenoshima Sôgô Taiikukan
Tokyo, Kôtô-Ku, Yumenoshima 3-2,
☎ 521-7321

Öffentliche Sportzentren

Freizeiteinrichtungen der Bezirksämter für alle zum Selbst-Sport-Treiben

Chiyoda-Ku Sports Center
Tokyo, Chiyoda-Ku, Uchi Kanda 2-1-8,
☎ 256-8444

Chûô-Ku Sôgô Taiikukan (Sportcentrum)
Tokyo, Chûô-Ku, Nihonbashi Hama-Chô 2-59-1, ☎ 666-1501

Edogawa-Ku Sports Center
Tokyo, Edogawa-Ku, Matsumoto 1-35-1,
☎ 675-3811 / 653-7441

Meguro-Ku Sports Center
Tokyo, Meguro-Ku, Meguro 2-4-36,
☎ 711-1121

Minato-Ku Sports Center
108 Minato-Ku, Shibaura 3-1-19,
☎ 452-4151/4

Ôta-Ku Sports Center
Tokyo, Ôta-Ku, Higashi Kamata 1-11-1,
☎ 733-8311

Shibuya-Ku Sports Center
Tokyo, Shibuya-Ku, Nishihara 1-40-18,
☎ 468-9051/2

Shinagawa-Ku Sports Center
Tokyo, Shinagawa-Ku, Kita Shinagawa 5-6-11, ☎ 449-3011

Shinjuku-Ku Sports Center
Tokyo, Shinjuku-Ku, Ôkubo 3-5-1,
☎ 232-7701

Stadien / Sporthallen

Ôi Horse Race Track (Pferderennbahn)
Tokyo, Shinagawa-Ku, Katsushima 2-1-2,
☎ 763-2151

Kôrakuen Stadium (Baseball)
Tokyo, Bunkyô-Ku, Kôrakuen 1-3,
☎ 811-211

Seibu Lions Ball Park (Baseball)
Saitama-Ken, Kamiyamaguchi 2135, Tokorozawa, ☎ (0429) 25-1151

Shin-Kokugikan (Sumo)
Tokyo, Sumida-Ku, Yokoami 1-3-28,
☎ 623-5111

Tokyo Horse Race Track
(Pferderennbahn)
Tokyo, Fuchu-Shi, Hiyoshi-Chô 1-1,
☎ (0423) 63-3141

Yokohama Stadion
(verschiedene Ballsportarten)
Yokohama, Naka-Ku, Yokohama Park,
☎ (045) 661-1251

2. Parks und sonstige Vergnügungen

I. Heiße Quellen (Onsen) in Tokyo

Viele von Ihnen wird es verwundern, daß es auch in Tokyo „Heiße Quellen" gibt. Sie sollten es nicht versäumen, eine davon zu besuchen. Hier haben Sie die Möglichkeit, Sprudelbäder zu nehmen, in eine Sauna oder Dampfsauna zu gehen, die Japaner zu beobachten, wie sie sich mit Bürsten fast die Haut vom Körper schrubben, Ihr Japanisch auszuprobieren, eventuell außergewöhnliche Freundschaften zu schließen, und nachdem Sie sich in den verschiedenen Heißwasserbecken richtig aufgeheizt und wieder angezogen haben, auch noch mitunter (z.B. im Magome Onsen) japanische Gesänge zu hören oder traditionellen Tanz zu sehen, den die Onsen-Besucher auf eigenen Wunsch auf der Bühne vorführen. Sie sollten dabei jedoch folgen-

Als „Gaijin" sind Sie immer und überall eine Attraktion!

Freizeit

des beachten: Bringen Sie sich genügend Handtücher (mindestens 3) mit und gehen Sie nie in ein Becken, ohne sich vorher gründlich abgeschrubbt zu haben, selbst wenn Sie gerade zuhause geduscht haben. Japaner haben oft Angst davor, daß Ausländer die Badeeinrichtungen nicht richtig benutzen und die Regeln nicht beachten.

Asakusa Kannon Onsen
Tokyo, Taitô-Ku, Asakusa 2-7-26,
☎ 844-4141
Öffnungszeiten: 6.30–18.00 Uhr, jeden 1. und 3. Donnerstag geschlossen.

Azabu Jûban Onsen
Tokyo, Minato-Ku, Azabu Jûban 1-5-22,
☎ 404-2610
Öffnungszeiten: 15.00–23.00 Uhr, Dienstag geschlossen.

Daisan Ebisu Onsen
Tokyo, Shibuya-Ku, Uehara 3-26-6,
☎ 467-2502
Öffnungszeiten: 16.00–24.00 Uhr, Samstag geschlossen.

Ikegami Onsen
Tokyo, Ôta-Ku, Nishi Kamata 2-1-7,
☎ 753-0455

Magome Onsen
Tokyo, Ôta-Ku, Higashi Magome 2-3-7,
☎ 775-2641
Öffnungszeiten: 10.00–22.00 Uhr, Dienstag geschlossen.

Soshigaya Onsen
Tokyo, Setagaya-Ku, Soshigaya 3-36-21,
☎ 483-2611
Öffnungszeiten: 14.00–23.00 Uhr.

Tatsumi Onsen
Tokyo, Ôta-Ku, Nishi Kamata 1-16-14,
☎ 753-6901
Öffnungszeiten: 14.00–23.00 Uhr.

Tsuru no Yu Onsen
Tokyo, Nakano-Ku, Yamato-Chô 3-44-3,
☎ 339-9244
Öffnungszeiten: 16.00–23.30 Uhr, Donnerstag geschlossen.

_____ **Literaturhinweis** _____
Onsen: Hot Spring in Japan, Verlag Shufunotomo, 1986

II. Freizeitparks in Tokyo und Umgebung

Fast alle Freizeitparks ähneln unserer deutsches Kirmes, sei es auch, daß sie nur irgendwo in einer kleinen Ecke Karussells usw. aufgestellt haben. Manche eröffnen im Sommer ein Freibad, das dann im Winter zur Eislaufbahn wird.

Asakusa Hanayashiki
(Vergnügungspark)
Tokyo, Taitô-Ku Asakusa 2-28-1,
☎ 842-8780
Öffnungszeit: 10.00–18.00 Uhr, Freitag geschlossen.

Honmoku Shimin Park
Yokohama, Naka-Ku, Honmoku Osato-Chô, ☎ (045) 623-8747
Radfahren, Tennis, Schwimmen, Rollschuhbahn, Spielplatz.

Kodomo no Kuni (Yokohama)
Yokohama, Midori-Ku, Nara-Machi 700,
☎ (045) 961-2111
Großes parkähnliches Gelände mit vielen Spielplätzen und echtem Bauernhof. Auch für Picknicks geeignet.

Kodomo no Kuni (Chiba-Ken)
Chiba-Ken, Sanbu-Gun, Yokoshiba-Machi, Yagata 5343, ☎ (0479) 82 2411
Viele Sportmöglichkeiten, Go-Kart-Bahn, Angeln, kleines Volksmuseum.

Parks und sonstige Vergnügungen

Kodomo no Shiro
(National Children's Castle)
Tokyo, Shibuya-Ku, Jingûmae 5-53-1,
☎ 797-5666
Di-Fr: 13.00–17.00 Uhr, So, So, Feiert.:
10.00–17.30 Uhr
Verschiedene Aktionsmöglichkeiten und Aktivitäten für Kinder, wie Schwimmen, Malen, Theater, Dachspielplatz usw.

Kôrakuen Yûenchi (Vergnügungspark)
Tokyo, Bunkyô-Ku, Kôraku 1-3,
☎ 811-2111

Minkaen
Kanagawa-Ken, Kawasaki-Shi, Tama-Ku, Masugata 7-1-1, ☎ (044) 922-2181
Volksmuseum. Park mit japanischen Häusern aus früherer Zeit.

Mori Kôen
Tokyo, Ôta-Ku, Heiwajima, Heiwa no Mori Kôen 2-1, ☎ 766-1603
Fitness Park / Trimm-Dich-Park.

Mukôgaoka Yûen
Kawasaki-Shi, Tama-Ku, Nagao 2-8-1,
☎ (044) 911-4281
Freibad/Eisbahn, Vergnügungspark.

Tama Tech Yûenchi (Vergnügungspark)
Hino-Shi, Hodokubo 5-22-1,
☎ (0425) 91-0820

Toshimaen
Tokyo, Nerima-Ku, Koyama 3-25-1,
☎ 990-3131

Tokyo Disneyland
Chiba-Ken, Urayasu-Shi, Maihama 1-1,
☎ (0473) 54-0001

Tokyo Summerland
Tokyo, Akikawa-Shi, Kamiyotsugi, Shiraiwa 600, ☎ (0425) 58-6511
Vergnügungspark mit Frei-und Hallenbad.

Yokohama Dreamland
(Vergnügungspark)
Yokohama, Tozuka-Ku, Matano-Chô 700,
☎ (045) 851-1411

Yomiuri Land (Vergnügungspark)
Tokyo, Inagi-Shi, Yanokuchi 3294,
☎ (044) 966-1111

III. Parks / Zoologische und Botanische Gärten

Öffentliche Parks erheben meist nur einen Eintrittspreis bis zu 500 ¥.

Zoologische Gärten

Fuji Safari Park
(in der Nähe von Gotemba)
Shizuoka-Ken, Susono-Shi, Suyama, Asafujiwara 2255-27, ☎ (0559) 98-1311
Hier kann man mit dem eigenen Auto zwischen den frei herumlaufenden Tieren durchfahren.

Nogeyama Dôbutsuen
Yokohama, Nishi-Ku, Ôimatsu-Chô 63-10,
☎ (045) 231-1307 / 231-1696

Sunshine International Aquarium
Tokyo, Toshima-Ku, Higashi Ikebukuro 3-1-3, ☎ 989-3466
Große Aquarien im 10. und 11. Stock des World Import Center im Sunshine City-Building.

Tama Dôbutsuen
Tokyo, Hino-Shi, Hodokubo 7-1-1,
☎ (0425) 91-1611
Wunderschön gelegener Tierpark, mit Löwengehege, durch das man mit dem Bus fahren kann. Berühmt wegen seiner Koalas.

Ueno Dôbutsuen
Tokyo, Taitô-Ku, Ueno Kôen 9-83,
☎ 825-5171
Großer Tierpark im Ueno Park, berühmt wegen seiner Pandas.

Freizeit

Botanische Gärten

Jindai Shokubutsu Kôen
Tokyo, Chôfu-Shi, Jindaiji-Chô 5-31-10,
☎ (0424) 83-2300

Koishikawa Shokubutsu Kôen
Tokyo, Bunkyô-Ku, Hakusan 3-7-1,
☎ 814-0138

Mukôjima Hyakkaen
Tokyo, Sumida-Ku, Higashi Mukôjima
3-18-3, ☎ 611-8705

Sonstige öffentliche Parks

Es ist nicht möglich, im Rahmen dieses Buches alle öffentlichen Parks aufzuführen. Wenn Sie noch weitere Informationen darüber erhalten möchten, fragen Sie bei TIC nach einer Liste der Tokyo Parks.

Imperial Palace äußerer Garten
(Kôkyo Gaien)
Tokyo, Chiyoda-Ku, ☎ 213-0095

Kinuta Kôen
Tokyo, Setagaya-Ku, Kinuta-Kôen 1-1,
☎ 700-0414

Komazawa Kôen
Tokyo, Setagaya-Ku, Komazawa Kôen 1-1,
☎ 421-6121

Meiji Jingû Park
Tokyo, Shibuya-Ku, Kamizono-Chô 1-1,
☎ 379-5511
Nähe des Bahnhof Harajuku der Yamanote Linie.

Meijinomori Takao National Park
Tokyo, Hachiôji-Shi, Takao-Chô 2176,
☎ (0426) 64-7872

Rikugien
Tokyo, Bunkyô-Ku, Honkomagome 6-16-13, ☎ 941-2222

Sankeien Park
Yokohama, Naka-Ku, Honmoku Sannôtani 285, ☎ (045) 612-0635
Park mit altem Gutshaus, Pagode und Villa. Berühmt für Iris- und Lotosblumen.

Shakujii Kôen
Tokyo, Nerima-Ku, Shakujii-Dai 1-26-1,
☎ 996-3950

Ueno Park
Tokyo, Taitô-Ku, Ueno Kôen 5-20,
☎ 828-5644

Yoyogi Park
Tokyo, Shibuya-Ku, Yoyogi Kamizono-Chô 2-1, ☎ 469-6081 (Yoyogi Park Office)
Nähe Harajuku Bahnhof der Yamanote Linie.

3. Ausflüge / Wandern

Allgemeines

Die im folgenden aufgeführten Tagesausflüge und Wanderungen sollen nur Anregungen dafür sein, wie Sie auch in der näheren und weiteren Umgebung Tokyos etwas unternehmen können, das noch vom Preis her erschwinglich ist. Für Japananfänger wird es nicht immer einfach sein, sich außerhalb der Metropole Tokyo, wo plötzlich die Ortsnamen nicht mehr in alphabetischer Schrift angeschrieben sind, zurechtzufinden. Aber Sie können sicher sein, es ist noch keiner verlorengegangen.

Es empfiehlt sich, wenn Sie in Ihrem Ausflugsort angekommen sind, ein dortiges Reisebüro, Touristenzentrum oder größeres Hotel aufzusuchen und sich einen Führer oder Karten der Gegend zu besorgen. Touristenkarten werden mitunter sogar kostenlos abgegeben. Ansonsten beziehen Sie Ihr benötigtes Kartenmaterial

Ausflüge / Wandern

am besten über eine der großen Buchhandlungen (S. 74 oder S. 116).
Die jap. Schriftzeichen der etwas größeren Städte finden Sie auf Seite 45.
Japan ist auch außerhalb der großen Metropolen ein wunderschönes Land, das abwechslungsreiches Wandern möglich macht. Alpines Wandern und Bergsteigen kann in den japanischen Alpen geübt werden. Wandern im Mittelgebirge ist in der näheren Umgebung Tokyos möglich. Für An- und Abfahrt muß man 2–3 Std. rechnen. Es kostet schon Zeit und Einsatz, sich in Japan auf die Socken zu machen.
Bei den im folgenden näher beschriebenen Routen brauchen Sie keine besonderen Vorkehrungen zu treffen. Feste Schuhe und geeignete Kleidung sind jedoch wie überall von Nutzen.
Die Anfahrt kann mit dem Wagen oder auch mit einer der verschiedenen Vorstadtbahnen angetreten werden. Wegen der häufigen Staus, besonders am Wochenende, ist es zu empfehlen, Eintagestouren am Samstag zu unternehmen. Rückfahrten am Sonntagnachmittag können mit dem Auto oder auch mit der Bahn recht lange dauern.

Kleine Auswahl an Reiseführern

Baedecker
Japan (1983); Tokyo (1983)

Hartzenbusch
A Parent's Guide to Tokyo

Immoos, Thomas / Halpern, Erwin
Japan. Tempel, Gärten und Paläste. Eine Einführung in Geschichte und Kultur und Begleiter zu den Kunststätten Japans. DuMont Kunstreiseführer, 6. Auflage, 1987, 268 S.

Jan McQueen
Japan selbst entdecken, Regenbogen Verlag Zürich 1982

Kreiner, Josef
Japan, Kohlhammer Kunst- und Reiseführer, 1979

The New Official Guide of Japan (engl.)
Herausgegeben bei der Japan National Tourist Organization. Erhältlich im Japan Travel Bureau.

J. Turrent / J. Lloyd-Owen
Around Tokyo – A Day Tripper's Guide Bd. 2, Japan Times 1982/83

Freizeit

Wanderkarten

Bevor Sie sich auf eine japanische Karte verlassen, stellen Sie anhand der Windrose fest, wo Norden liegt. Nicht bei allen japanischen Karten befindet sich Norden am oberen Kartenrand. Falls Sie am Anfang Schwierigkeiten mit dem Lesen haben, bitten Sie einen Japaner, Ihnen zu helfen.
Lassen Sie sich nicht durch die japanische Beschriftung vieler Karten abschrecken. Die Symbole sind international, außerdem hat es noch den Vorteil, daß Sie die Zeichen auf den Straßenschildern mit Ihrer Karte vergleichen können.

Shôbunsha (Verlag)
Stellt recht gutes Kartenmaterial her im Maßstab 1:50 000.

交通公社のガイドシリーズ
Kôtsûkôsha no Gaido Shiriizu
Generalkarte, erhältlich über das Japan Travel Bureau.

東京周辺ハイキングガイド
Tokyo Shûhen Haikingu Gaido
Ausflugsführer in Tokyos Umgebung, erhältlich beim Japan Travel Bureau.

ベストハイキング100コース
Blue Guide Books
Band Nr. 201, Besuto Haikingu 100 Kôsu
Erhältlich beim Japan Travel Bureau.

東京周辺の行楽ドライブ
Tokyo Shûhen no Kôraku Doraibu
Autokarte für Tokyo und Umgebung.

魅力別の1-2泊の旅、東京から
Miryokubetsu 1,2 Haku no Tabi, Tokyo kara
Enthält Touren in Tokyos Umgebung mit 1-2 Übernachtungen.

武揚堂、ダイナミック道路地図
Buyôdô's Dynamic Road Map
Zweisprachige Autokarte.

昭文社エアリアマップ
Shôbunsha Area Map
Gibt es von verschiedenen Gebieten. Enthalten u.a. auch Streckenbeschreibungen mit Verkehrshinweisen.

Die oben erwähnten Karten können Sie kaufen bei:
Chizu no Mise
(Landkartenspezialgeschäft)
Toshi Seizusha Kabushikikaisha, 107 Tokyo, Minato-Ku, Minami Aoyama 6-6-19, ☎ 400-1661 / 400-2661

Und nun viel Spaß beim Entdecken von Tokyos Umgebung!

Ausflüge und Wanderungen im Fujigebiet

Die fünf Seen am Fujisan (Plan S. 117)

Der **Yamanaka-Ko** ist der größte und höchstgelegene See (982 m über dem Meeresspiegel) von allen fünf Seen. Ungefähr 35 Min. vom Gotemba-Bahnhof oder etwa 1½–2 Stunden mit dem Auto von Tokyo aus.
Der **Kawaguchi-Ko** ist der zweitgrößte See, zu erreichen in etwa 2–2½ Stunden von Tokyo aus.
Den **Sai-Ko** erreichen Sie etwa in 30 Minuten Busfahrt vom Kawaguchi-Bahnhof aus.
Der **Shôji-Ko** liegt ungefähr 40 Minuten mit dem Bus vom Bahnhof Kawaguchi entfernt.
Der **Motosu-Ko** ist nochmals 20 Minuten weiter entfernt von Kawaguchi als der Shôji-Ko.

Wegbeschreibung

Mit dem Auto
Von Tokyo aus fährt man auf dem Tômei-Expressway bis zur Ausfahrt Gotemba (Nr. 7). Die Ausfahrt mündet auf die Straße

Ausflüge / Wandern

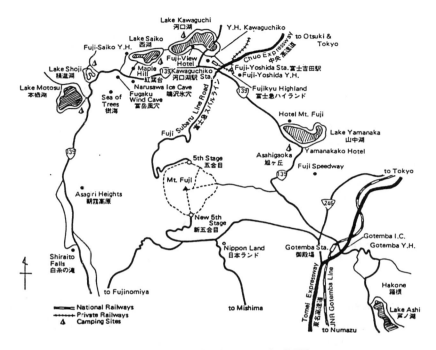

Mit freundlicher Genehmigung der JNTO.

Nr. 138, auf die man nach rechts einbiegt und der man folgt, bis man nach ca. 20 km Fahrt durch mehrere Ortschaften und nach Überquerung eines Passes den Yamanaka-Ko erreicht.

Zugverbindung
Direktzüge von Shinjuku zum Kawaguchi-Ko fahren nur sonntags und an Feiertagen. Abfahrtszeiten (Stand: 23.5.1988):
   8.15 Uhr ↓   ↑ 15.40 Uhr
Im Sommer kann man von Tokyo aus auch direkt mit dem Bus vom Hamamatsu-Chô Busterminal (neben dem World Trade Center) oder dem Shinjuku Bus Terminal (im Yasuda Seimei 2nd Bldg. 1. Stock) bis zur 5. Bergstation des Fujisan fahren. Platzreservierungen sind möglich bei „Fuji Kyûkô Railways", dem Japan Travel Center und anderen Reisebüros. Auch vom Kawaguchi-Bahnhof aus fahren im Sommer Busse bis zur 5. Station.

Vergnügen

Der Yamanaka-Ko bietet im Sommer Möglichkeiten zum Segeln, Motorbootfahren sowie Wasserschilaufen. Bootsverleihe für Tret- und Ruderboote finden Sie in fast allen Ortschaften. In der Nähe befinden sich zahlreiche Ausflugsziele, in erster Linie der Berg Fuji selbst, dann mehrere Vergnügungs- und Spielplätze wie Fuji Kôgen Leisure Land (Tennis, Golf und Schilaufen im Winter), Fuji Highland (großer Vergnügungspark) mit Schwimm-

Freizeit

becken im Sommer und Schlittschuhbahnen im Winter. Der Yamanaka-Ko selbst bietet im Winter Möglichkeiten zum Schlittschuhlaufen und Eisangeln.

Hotels in der Nähe der Fuji-Seen

Fuji View Hotel
Yamanashi-Ken, Minami Zuru-Gun, Kazuyama Mura 511, ☎ (0555) 83-2211

Hotel Mount Fuji
Yamanashi-Ken, Minami Zuru-Gun, Yamanaka-Ko Mura, Yamanaka 1360-83, ☎ (0555) 62-2111
Büro Tokyo ☎ 376-1111

Yamanaka-Ko Hotel
Yamanashi-Ken, Minami Zuru-Gun, Yamanaka-Ko Mura 506, ☎ (0555) 62-2511

Jugendherbergen

Fuji Yoshida Youth Hostel
Yamanashi-Ken, Fuji Yoshida, Shimo Yoshida 339, ☎ (0555) 22-0533

Youth Hostel Kawaguchi-Ko
Yamanashi-Ken, Minami Zuru-Gun, Kawaguchi-Ko Machi, Funazu 2128, ☎ (0555) 72-1431

Fuji Sai-Ko Youth Hostel
Yamanashi-Ken, Minami Zuru-Gun, Ashiwaza-Mura, Sai-Ko Nishi 3-1, ☎ (0555) 82-2616

Wanderung Ishiwariyama

Der Ishiwariyama ist ein Berg oberhalb des Yamanaka-Ko. Der Aufstieg ist steil, teilweise muß man die mitgebrachten Seile benutzen. Die Wanderung ist besonders interessant im Frühjahr (März), wenn auf dem Kamm noch Schnee liegt. Man hat einen herrlichen Ausblick – links den Fujisan, rechts die Berge des Ôyama, Tanzawa- und Chichibu-Gebietes und in Blickrichtung nach Westen eine Kette der Japanischen Alpen. Vom Ishiwariyama steigt man ab über einen Grat, der den Höhenzug zum Yamanaka-Ko begrenzt; der Höhenweg endet an einem Hotel, wo Parkplätze zur Verfügung stehen. Wenn Sie diese Tour mit dem Bus machen, haben Sie nicht das Transportproblem zwischen Start- und Endpunkt.

Wanderung Fujisan

Der heilige Berg Japans. Man sollte einmal oben gewesen sein. Es heißt, daß der Sonnenaufgang, dort oben beobachtet, das tiefste Erlebnis überhaupt sein kann.
Die Pfade auf den Fuji sind ausgetreten und durch Blechdosen und andere Abfälle gut markiert. Die Sauberkeit hat allerdings in den letzten Jahren sehr zugenommen. Sie werden dabei nicht alleine wandern. Tausende von Japanern ziehen mit Ihnen. Der Fuji ist ca. 3900 m hoch, achten Sie deshalb auf Ihren Kreislauf.
Normalerweise geht man von der 5. Station aus, die auf der Fujiyoshida-Seite gut mit dem Wagen erreichbar ist. Um zum Sonnenaufgang oben zu sein, kann man zwischen zwei Möglichkeiten wählen. Sie können am Nachmittag des ersten Tages bis zur achten Station aufsteigen, verbringen dort in einer Hütte eine Nacht und bewältigen dann am Morgen das letzte Stück. Andere empfehlen, nicht zu übernachten, sondern am Abend von der fünften Station aus aufzubrechen und die Nacht durchzuwandern.
Beim Abstieg nach Osten rutscht man in einem Aschfeld nach unten, was amüsant, aber auch anstregend ist. Von der dritten Station aus kann man mit dem Bus bis zur

Ausflüge / Wandern

Route 138 fahren und den Linienbus nach Fujiyoshida erreichen.
Der erste Teil von der ersten bis zur fünften Station ist auch mit Kindern ab 10 Jahren durchführbar.
Der Fuji hat seine eigenen Gesetzmäßigkeiten; hier sind Turnschuhe zu empfehlen wegen der Asche. Auch im Hochsommer – der Berg ist nur von Ende Juni bis Ende August offen – braucht man warme und winddichte Kleidung. Sie können morgens auf dem Gipfel Frost haben! Das Wetter schlägt ganz plötzlich um; auch auf Regen und Hagel sollte man eingerichtet sein. Sonnenhut und Taschenlampe nicht vergessen! Verpflegen kann man sich auf den verschiedenen Hütten, ein kleiner Mundvorrat ist jedoch nicht von der Hand zu weisen; die Preise in den Hütten sind der Höhe angepaßt.

Anreise

Mit dem Auto über den Tômei Expressway, dort rechts auf die Route 138 einbiegen, der man bis Yamanaka-Ko folgt. Für die Ishiwariyama-Tour biegen Sie am Seeufer nach rechts ab und folgen dem Ufer bis zum östlichsten Punkt. Dort zweigen in kurzem Abstand zwei Straßen nach rechts ab, Sie folgen der zweiten etwa 1 km. Der Anfang des Wanderweges ist linkerhand etwas versteckt, also bitte aufpassen! Zum Fuji bleiben Sie auf der Route 138; d.h. Sie halten sich am Seeufer links, passieren Fujiyoshida und die Auffahrt zum Chûô Expressway. Etwa 500 m danach zweigt links der Highway zur fünften Station ab.
Sie können auch über den Chûô Expressway anreisen, müssen dabei nur auf die Gabelung Kôfu nach rechts / Fujiyoshida nach links achtgeben. Die Beschilderung ist recht gut.

Ausflüge und Wandern in und um Kamakura

(Plan S. 120)

Anfahrt

Kamakura ist von Tokyo aus leicht zu erreichen: Mit der **Bahn** vom Tokyo Hauptbahnhof (JR / Yokusuka Linie) etwa 1 Std. Mit dem **Auto** über den Daisan Keihin Richtung Yokosuka.
Bitte nehmen Sie einen Reiseführer mit, damit Sie keine der Sehenswürdigkeiten Kamakuras verpassen.

Übernachtungsmöglichkeiten in Kamakura

Kamakura Park Hotel
Kamakura-Shi, 33-6 Sakanoshita,
☎ (0467) 25-5121

Kaihinsô Hotel
Kamakura-Shi, Yuigahama 4-8-14,
☎ (0467) 22-0960

Hotel Tsurugaoka Kaikan
Kamakura-Shi, Kômachi 2-12-27,
☎ (0467) 24-1111

Hotel Kagetsuen
(jugendherbergsähnlich)
Kamakura-Shi, Sakanoshita 27-9,
☎ (0467) 25-1234

Wanderung von Kitakamakura nach Kamakura (Plan S. 121)

Keine spezielle Wanderkarte nötig.
Mit der **Yokosuka Linie** ab Tokyo, Shinbashi oder Shinagawa Bahnhof bis Kita-Kamakura. Mit dem **Auto** über den Daisan Keihin bis Kita-Kamakura.

Freizeit

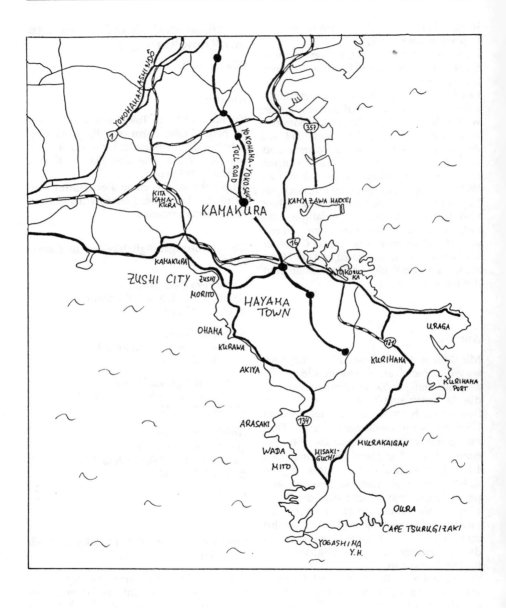

Karte: Miura-Halbinsel (Miura Hantô)

Ausflüge / Wandern

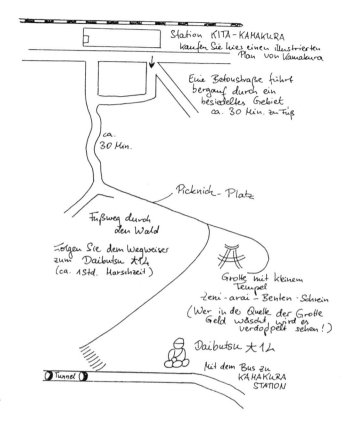

Karte: Wanderung „Kitakamakura – Kamakura"

Ausflüge und Wanderungen im Hakone Gebiet (Plan S. 122)

Ein Ausflug nach Hakone mit seiner wunderschönen Landschaft ist bestimmt ein Erlebnis für die ganze Familie.

Anfahrtmöglichkeiten

Ab Tokyo Hauptbahnhof mit dem **Shinkansen** „Kodama" oder JR Tôkaidô Linie bis Odawara. Oder mit der Odakyû Linie ab Bahnhof Shinjuku bis Odawara oder Hakone Yumoto.

Die Odakyû-Eisenbahngesellschaft verkauft auch einen besonderen **Hakone Free Pass**, mit dem man zusätzlich zur Fahrt von Shinjuku – Hakone Yumoto folgende Bahnen und Busse beliebig benutzen kann: Hakone Tozan Eisenbahn, Hakone Tozan Busse, Hakone Seilbahn, Hakone Ausflugsschiff, Sôunsan Seilbahn und einiges mehr. Mit dem **Auto** fahren Sie auf dem Tômei Expressway Richtung Atsugi/Odawara. Sie können dann entweder bei Odawara abfahren und über den Hakone Bypass ins Hakone-Gebiet gelangen, oder Sie fahren weiter bis Gotemba und von dort aus hinein.

Freizeit

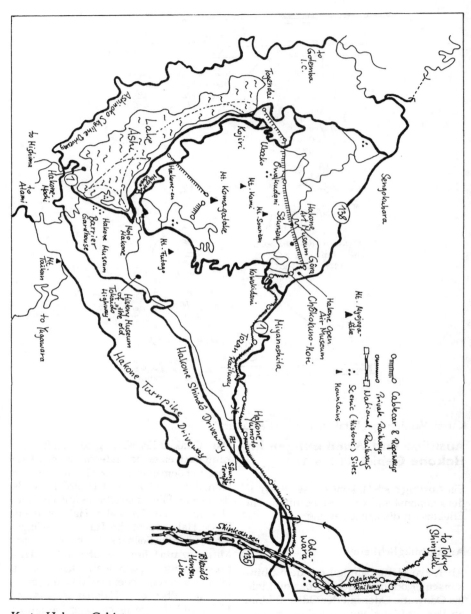

Karte: Hakone-Gebiet

Ausflüge / Wandern

Übernachtungsmöglichkeiten

Fujiya Hotel
Kanagawa-Ken, Ashigarashimo-Gun, Hakone Machi, Miyanoshita 359,
☎ (0460) 2-2211

Gôra Hotel
Kanagawa-Ken, Ashigarashimo-Gun, Hakone Machi, Gôra 1300, ☎ (0460) 2-3111 / Tokyo Office: ☎ 573-5541

Hakone Hotel
Kanagawa-Ken, Ashigarashimo-Gun, Hakone 65, ☎ (0460) 3-6311

Hakone Kankô Hotel
Kanagawa-Ken, Ashigarashimo-Gun, Hakone Machi, Sengokuhara 1245,
☎ (0460) 4-8501 / Tokyo Office: 281-8463

Hakone Prince Hotel
Kanagawa-Ken, Ashigarashimo-Gun, Hakone Machi, Moto Hakone 144,
☎ (0460) 3-7111

Hotel Kagetsuen
Kanagawa-Ken, Ashigarashimo-Gun, Hakone Machi, Sengokuhara 1244,
☎ (0460) 4-8621

Hotel Kowakien
Kanagawa-Ken, Ashigarashimo-Gun, Hakone Machi, Minotaira 1297,
☎ (0460) 2-4111 / Tokyo Office: 433-5151

Odakyû Hakone Highland Hotel
Kanagawa-Ken, Ashigarashimo-Gun, Hakone Machi, Sengokuhara Shinanoki 940,
☎ (0460) 4-8541

Yumoto Fujiya Hotel
Kanagawa-Ken, Ashigarashimo-Gun, Hakone Machi, Yumoto 256-1,
☎ (0460) 5-6111

Hakone Sôunsan Youth Hostel
Kanagawa-Ken, Ashigarashi-Gun, Hakone Machi, Gôra 1320,
☎ (0460) 2-3827

Transport- und Ausflugsmöglichkeiten in Hakone

Mit der Bahn
Die Züge fahren etwa alle 15–20 Minuten.
Odawara Bahnhof ⇒ Hakone Yumoto (12 Min.), Hakone Yumoto ⇒ Tonosawa (4 Min.), Tonosawa ⇒ Miyanoshita (20 Min.), Miyanoshita ⇒ Kowakidani (5 Min.), Kowakidani ⇒ Gôra (5 Min.).

Hakone Tozan Railway Bus
Diese Busse fahren etwa alle 10–15 Minuten.
Odawara Bahnhof ⇒ Hakone Yumoto (15 Min.), Hakone Yumoto ⇒ Tonosawa (2 Min.), Tonosawa ⇒ Miyanoshita (11 Min.), Miyanoshita ⇒ Sengoku (14 Min.), Sengoku ⇒ Sengoku Kôgen (6 Min.), Sengoku Kôgen ⇒ Tôgendai (13 Min.)

Izu Hakone Railway Bus
Dieser Bus fährt alle 10–20 Minuten.
Odawara Bahnhof ⇒ Hakone Yumoto (12 Min.), Hakone Yumoto ⇒ Tonosawa (4 Min.), Tonosawa ⇒ Miyanoshita (20 Min.), Miyanoshita ⇒ Kowakien (6 Min.), Kowakien ⇒ Ashinoyu (7 Min.), Ashinoyu ⇒ Moto Hakone (13 Min.), Moto Hakone ⇒ Hakone Machi (5 Min.)

Izu Hakone Railway Bus
Dieser Bus fährt alle 30–60 Minuten.
Odawara Bahnhof ⇒ Hakone Yumoto (12 Min.), Hakone Yumoto ⇒ Miyanoshita (14 Min.), Miyanoshita ⇒ Kowakidani (4 Min.), Kowakidani ⇒ Kowakien (2 Min.), Kowakien ⇒ Sôunsan (5 Min.), Sôunsan ⇒ Ubako (8 Min.), Ubako ⇒ Kojiri (7 Min.), Kojiri ⇒ Hakone-en.

Hakone Tozan Railway Cable Car und Hakone Ropeway (Seilbahnen)
Von Gôra ⇒ Sôunsan (9 Min.), Sôunsan ⇒ Ôwakudani (10 Min.), Ôwakudani ⇒ Ubako (10 Min.), Ubako ⇒ Tôgendai (13 Min.)

Freizeit

Von Gôra ⇒ Sôunsan mit der Kabinenbahn (15 Min.), dann weiter mit der Seilbahn nach Tôgendai.
Mit der Izu Hakone Railway Ropeway (Seilbahn) von Hakone-en ⇒ Komagatake (8 Min.).

Mit dem Schiff auf dem Ashi-See
(Izu Hakone Railway Sightseeing Boat Service)
a) Hakone Machi ⇒ Kojiri (40 Min.)
b) Hakone Machi ⇒ Tôgendai (45 Min.)

Vorschlag für einen Ausflug nach Hakone mit der Bahn

Mit der Odakyû Railway „Romance Car" vom Bahnhof Shinjuku ⇒ Hakone Yumoto (1½ Std.), von Hakone Yumoto ⇒ Gôra mit der Hakone Tozan Railway (30 Min.), mit der Kabinenbahn „Cable Car" von Gôra ⇒ Sôunsan (9 Min.). Weiter mit der Ropeway von Sôunsan ⇒ Tôgendai (33 Min.). Mit dem Schiff von Tôgendai ⇒ Moto-Hakone (30 Min.). Von dort kann man in etwa 20 Minuten nach Hakone Machi wandern und dabei das Hakone-Museum besuchen. Von Hakone Machi ⇒ Bahnhof Atami mit dem Bus (1 Std. 20 Min.) und von Atami aus mit dem Bullet Train JR zum Tokyo Hauptbahnhof (53 Min.).
Die besonderen Sehenswürdigkeiten der einzelnen Ortschaften können hier nicht erläutert werden. Bitte nehmen Sie einen Reiseführer mit.

Wanderung „Old Tôkaidô Road" im Hakonegebiet (Siehe auch die Karte: Hakone)

Anreise

Mit der **Bahn** von Shinjuku ⇒ Yumoto/Hakone, von dort aus mit dem Bus bis zum Amazake Teehaus (Yumoto – Moto-Hakone Linie).

Mit dem **Auto** fahren Sie auf dem Tômei Expressway bis zur Ausfahrt Atsugi und von dort aus bis Odawara den Odawara Bypass. Dann die Landstraße (nicht die Tollroad/Mautstraße!) nach Moto-Hakone. Kurz nach dem Überqueren des Passes findet man das Amazake Teehaus auf der rechten Seite.
Das Amazake Teehaus ist ein guter Ausgangspunkt für diese Wanderung, da es hier Parkmöglichkeiten für den Wagen gibt. Angeschlossen an das Teehaus ist ein kleines Museum, in dem Gerätschaften aus der Tokugawazeit, sowie Reiseutensilien aus derselben Epoche (Sänften, Wandergewänder etc.) zu sehen sind. Man folgt nun einem original gehaltenen Stück dieser alten Verbindungsstraße zwischen Kyôto und Edo (Tokyo), auf der sich in früherer Zeit der Verkehr zwischen der Kaiserstadt und dem Hauptsitz des Shogunats abwickelte. Man erreicht Moto-Hakone am Ashi-Ko (Hakone Lake). Hält man sich am Seeufer links, so erreicht man nach wenigen Minuten eine Allee aus japanischen Zedern, die ebenfalls einen Teil der alten Straße bildet. Am Ende dieser Allee kreuzt man die jetzige Straße und gelangt zu dem alten Kontrollpunkt (Hakone Barrier Site), den das Shogunat dort zur Überwachung der Reisenden eingerichtet hatte; auch dort ist ein kleines Museum angeschlossen. Den Rückweg kann man über den Byôbuyama antreten. Man verläßt den Kontrollpunkt in der gleichen Richtung. Die kleine Straße mündet als T-Kreuzung in die Hauptstraße. Halblinks auf der anderen Straßenseite beginnt der Pfad mit einem steilen Anstieg zum Byôbuyama. Dieser Weg ist nicht immer klar beschildert, obwohl er ein botanischer Lehrpfad ist (Beschriftung nur japanisch). Der Pfad endet kurz vor dem Amazake Teehaus.

Ausflüge / Wandern

Wanderung Ôyamasan

Anreise

Per **Bahn** benutzt man die Odakyû Linie ab Shinjuku bis nach Isehara. Von dort fährt ein Bus nach dem Ort Ôyama.

Mit dem **Auto** verläßt man Tokyo über den Tômei Expressway und fährt bei Atsugi ab. Von dort aus folgen Sie zuerst etwa 2 km der Route 129 nach Sagamihara, dann biegen Sie links auf die Route 246 bis nach Isehara. An der Hauptkreuzung in Isehara (Ampel!) biegen Sie nach rechts ab und halten sich nach etwa 500 m bei der Gabelung links. Dieser Straße folgen Sie bis zum Ende im Ort Ôyama.

Der Ôyama ist ein heiliger Berg und beliebter Wallfahrtsort von Shintogläubigen. Die Haupttempel sind in drei Etagen angeordnet, der unterste steht im Ort Ôyama am Fuße der Seilbahn, der nächste etwa auf halber Höhe des Berges an der Bergstation der Seilbahn, der dritte – recht verwahrlost heutzutage – auf dem Gipfel des Berges. Die ganze Wanderung ist sehr steil, ob man nun am Fuße des Berges anfängt und den alten Prozessionsweg vom untersten Tempel aus benutzt oder ob man vom mittleren Tempel aus auf dem Prozessionsweg zum Gipfel aufsteigt. Vom Gipfel aus hat man bei klarem Wetter eine schöne Aussicht auf den Sagami-Wan und die Ebene um Odawara.

Wandern am Takamatsuyama

Etwa 1 Std. von Tokyo. Keine spezielle Wanderkarte nötig.

Karte: Wanderung „Takamatsuyama"

Freizeit

Fahrtroute

Auf dem Tômei Expressway bis Ôi-Matsuda, eine Ausfahrt nach Atsugi. Den Weg bis zur Betonstraße entnehmen Sie bitte der Skizze. Sie parken Ihr Auto am Ende der Betonstraße und gehen dann zu Fuß weiter. Nach ca. 30–40 Minuten erreichen Sie die Paßhöhe, wo der Fußweg zum Takamatsuyama beginnt (Wegweiser nur Japanisch). Für den Anstieg braucht man etwa 1 Stunde. Auf dem Gipfel bietet sich ein schöner Rundblick auf die Hakone-Berge und den Fuji.

Falls Sie sich entschließen sollten, mit dem Auto bis zur Paßhöhe zu fahren, können Sie den Rückweg zur Tômei Expressway-Auffahrt Ôi-Matsuda über die andere Talseite nehmen.

Ausflüge ins Okutamagawa-Gebiet (Tanzawa/Chichibu)

Karte: Area Map, Okutamagawa Nr. 24 エアリアマップ奥多摩川24号, Shôbunsha

Anreise

Mit dem **Auto** über den Chûô Expreßway bis Hachiôji, dort auf die Route 16 etwa 6 km, vor Akishima halblinks nach Ôme 青梅市 abbiegen. Nach Durchfahren von Ôme die Ômekaidô in Richtung Okutama nehmen. Für die Wanderung **Mitake**, in Mitake nach links abbiegen über die Brücke und zur Talstation der Bergbahn fahren. Parkplätze sind vorhanden.
Für die Wanderung **Nippara** 日原 bis nach Okutama durchfahren, dort rechts abbiegen nach Nippara. Die Straße ist eine enge Landstraße mit vielen Tunnels und endet in Nippara.
Mit der **Bahn** ab Shinjuku JR nach Tachikawa, dort umsteigen in die Bahn nach Mitake oder Okutama. Für **Nippara** ab Okutama einen Bus benutzen. Vom Mitake-Bahnhof aus fährt ebenfalls ein Bus bis zur Talstation der Bergbahn.

Wanderung Mitake – Ontakesan

Mitake ist eine kleine Tempelstadt in den Bergen am oberen Tamafluß. Sie können den Ontake entweder über die Bergbahn erreichen oder auf einem Wanderweg von 3–4 Stunden. Man durchquert das Städtchen Mitake und folgt einem Höhenzug ohne sonderliche Steigungen bis an den Fuß des Ontake-san. Der Aufstieg zum Ontake-san ist etwas beschwerlich. Auf halber Höhe finden Sie einen alten Tempel. Vom Gipfel aus haben Sie einen schönen Rundblick über die Berge des Tanzawa/Chichibu-Gebietes.

Falls Sie mit dem Zug anreisen, können Sie auch auf der anderen Seite des Ontake absteigen und gelangen in das Tal des Aki-Flusses. Von den Ortschaften dort aus kann man per Bus nach Itsukaichi ⇒ Tokyo zurückfahren.

Wanderung und Besichtigung Nippara

In Nippara können Sie eine Tropfsteinhöhle in malerischer Umgebung besichtigen. Kleinere Kinder können gut am Ufer des Flüßchens spielen. Von der Höhle aus kann man schöne Spaziergänge auf den dortigen Forstwegen machen.

Ausflug zum Sagami-Ko 相模湖 „Picnic Land"

Keine besondere Wanderkarte nötig.

Fahrtrouten

Mit dem **Auto** über den Shuto oder auf den Stadtstraßen auf den Chûô Express-

Ausflüge / Wandern

way bis Sagami-Ko, Ausfahrt nach Hachiôji. Am Ende des Autobahnzubringers (ca. 1 km) links in Richtung Sagami-Ko auf der Route 20. Die Fahrt führt oberhalb des Seeufers weiter bis in den Ort Sagami-Ko (ca. 2 km). In der Ortsmitte – „Sagami-Ko-Eki-Mae" – nach rechts Richtung Sagamihara einbiegen. Die Straße führt bergab zum Seeufer. Nach etwa 1 km scharf nach rechts über eine Brücke; nach der Brücke wieder rechts am See entlang. Etwa 2 km nach der Seebrücke geht es links ins „Picnic Land".
Hier gibt es viele Unterhaltungsmöglichkeiten wie: Fahrradverleih, Reitmöglichkeiten, Abenteuerspielplatz. Das Gelände ist sehr weitläufig und ideal für kürzere oder längere Wanderungen.

Vorschläge für Wanderungen im Chichibu-Tama-Gebiet

Die Karten für die folgenden Wanderungsvorschläge kaufen Sie am besten an den entsprechenden Aussteigebahnhöfen. Zu empfehlen ist auch: Area Map Oku Chichibu Nr. 22, Shôbunsha.
Das Chichibu-Tama-Gebiet kann man auch als „Allgäu" im Regierungsbezirk Tokyo bezeichnen. Der höchste Berg ist der Kimpû-san 金峰山 mit 2595 m, der auf der Grenze zwischen Yamanashi-Ken und Nagano-Ken liegt und nach einer Übernachtung im Radium Onsen Masutomi 増富温泉 gut bestiegen werden kann. Der im selben Gebiet liegende **Kumotoriyama** 雲取山 mit seinen 2018 m ist der höchste Berg im Regierungsbezirk Tokyo. Auf seinem Gipfel stoßen die Grenzen von Yamanashi-Ken und Saitama-Ken mit Tokyo-To zusammen. Er ist zu Fuß gut zu erreichen. Wenn Sie mit dem Wagen frühzeitig von Tokyo abfahren, können Sie bequem den Berg besteigen und abends wieder zuhause sein. Sie fahren auf der Straße 411, Ôme-Kôfu am Oku-Tama-See entlang. Die große Brücke nahe dem Ende des Sees lassen Sie links liegen, fahren durch den Tunnel und biegen nach etwa 4 km bei Sanjônoyu 三条の湯 oder Osai お祭 rechts in die Forststraße ein. (Die Hauptstraße führt danach ein wenig bergabwärts und nach ca. 200 m in einer Linkskurve über den von rechts kommenden Bergbach. Wenn Sie auf diese Brücke kommen, sind Sie zu weit gefahren.) Diese Forststraße ist etwa 9 km lang. Wenn Sie ihr folgen und nach einer Brücke 塩沢橋 auf eine T-Kreuzung stoßen, biegen Sie nach links ab. Die Straße endet bei einem Parkplatz. Von hier aus wandern Sie auf einem bequemen Waldweg bis zur Hütte bei Sanjônoyu 三条の湯 (☎ (04288) 8-0616), die etwa 20 Minuten vom Parkplatz entfernt liegt und in der Sie in japanischen Zimmern oder in einem Massenquartier mit Onsen-Ofuro übernachten können. Von dieser Hütte aus beginnt der Aufstieg zum Kumotoriyama, für den Sie 2–2½ Stunden rechnen sollten.

Wenn der weniger wanderlustige Teil Ihrer Familie inzwischen mit dem Wagen nach Tokyo zurückgekehrt sein sollte, können Sie vom Kumotoriyama aus eine herrliche Gratwanderung nach Norden machen und erreichen nach etwa 5 Stunden den Mitsumine-Schrein 三峰神社, von dem aus man über Chichibu nach Tokyo per Bahn zurückkehren kann.

Ausflug zur Tropfsteinhöhle Aoiwa

Wenn Ihnen dieser Ausflug gefallen hat und Sie vielleicht das nächste Mal nicht so hoch hinaus wollen, so können Sie von Sanjônoyu aus einen abenteuerlichen Besuch in der **Tropfsteinhöhle Aoiwa** (Aoiwa Shônyûdô 青岩鍾乳洞) machen. Für diesen Ausflug müssen Sie sich von der Hütte aus einen Führer nehmen

Freizeit

(maximal 4 Personen). Der Höhlenbesuch dauert etwa mit Rückweg 3–4 Stunden. Wegen einiger luftiger Holzstege und Seilstellen ziehen Sie feste Schuhe sowie praktische Kleidung an und bringen eine Taschenlampe mit. Einen Helm gegen die im Dunkeln unvermeidlichen Stöße an die Felsen leiht Ihnen der Hüttenwirt. Die Höhle, die übrigens sonst mit einem Vorhängeschloß verriegelt ist, befindet sich noch im Urzustand, und Sie haben das Gefühl, ihr „Entdecker" zu sein. Dieses Gefühl müssen Sie allerdings mit zitternden Knien erkaufen, da Sie mehrere Gänge mit gebeugten Knien überwinden müssen, wenn Sie nicht überhaupt auf dem Bauche kriechen. Selten werden sie die freie Natur so freudig in sich aufnehmen wie nach Ihrer glücklichen Rückkehr aus dieser Höhle.

Fahrtroute zum Okutama-Ko

Der schnellste Weg an das obere Ende des Okutama-Sees führt über den Chûô Expressway bis Hachiôji. Hier folgen Sie der Straße in Richtung Stadt, biegen jedoch eine Kreuzung vor der Stadtstraße Nr. 1 rechts ab und sehr bald wieder nach rechts und fahren bis Itsukaichi 五日市. Von hier aus geht es über Kazuma 数馬 und die hier beginnende, atemberaubende Okutama-Tollroad bis zu der vorhin erwähnten Brücke am Okutama-See, über die Sie wieder die Straße nach Ôme-Kôfu erreichen.

Falls Sie nicht soweit fahren wollen, lassen Sie Ihren Wagen in Kazuma stehen und besteigen Sie linkerhand in etwa 1½ Stunden den Nishi-Hara-Tôge 西原峠 mit seinen 1188 m und dem Blick auf den Fujisan. Von hier aus erreichen Sie den Mito-san (1527 m) in schöner Gratwanderung nach weiteren 1½ Stunden. Sie können denselben Weg für den Abstieg benutzen, aber auch in ca. 2 Stunden über die Kehren der Okutama-Tollroad nach Kazuma zurückkehren.

Besteigung des Kentokusan 乾徳山

Durch den Chûô Expressway ist es möglich geworden, auch im westlichen Chichibu-Tama-Gebiet **Eintagestouren** zu unternehmen:
Fahren Sie von Katsunuma über Enzan in Richtung Mitomi 三富 und Hirose-Damm 広瀬ダム auf der Route 140 links am schönen buddhistischen Tempel Erinji 恵林寺 vorbei und biegen Sie etwa 6 km nach dem Erinji-Tempel links ein, um nach Tokuwa 徳和 zu kommen. Hier fahren Sie bis zur Endstation des Autobusses. Dort ist ein großer Parkplatz, auf dem Sie Ihr Auto abstellen können. Vom Parkplatz aus geht es über die Brücke links und auf schmaler Straße durch die letzten Häuser und Gärten des Dorfes bis zum Torii, dem Eingangstor zum Shintôtempel am Ortsausgang. Folgen Sie der Forststraße, die Sie später noch einmal überqueren müssen, bis über die erste Brücke, ca. 150 m vom Torii, und achten Sie auf den etwas zugewachsenen Einstieg links. Ein guter, wenn auch ein wenig steiler Weg durch den Wald mit gelegentlichen Fernblicken führt Sie nach etwa 1½ Std. auf ein Hochtal mit einigen Hütten; Sie sehen linkerhand bereits Ihr Ziel, den Kentokusan (2030 m). Von den Hütten aus steigen Sie in ca. 45 Min. auf unbequemem Geröllweg auf den Sattel. Dann beginnt der eigentliche Gipfelanstieg, der sehr abwechslungsreich ist. Er führt über Holzbrücken, Felsblöcke und zwei mit Ketten gesicherte, fast senkrechte Wände in etwa 1 Std. auf den Gipfel mit sehr schönem Rundblick.

Ausflüge / Wandern

Wanderungen im Oku-Musashi-Gebiet

Karte: Area Map, Okutamagawa Nr. 24, Shôbunsha エアリアマップ奥多摩川24号

Anfahrt

Mit dem Zug der **Seibu-Ikebukuro-Linie** in etwa 1 Std. von Ikebukuro bis Hannô 飯能 oder 1 bis 2 Stationen weiter. Mit dem Auto fahren Sie entweder auf der Kan-Etsu-Autobahn (関越自動車道) bis Tsurugashima (鶴ケ島), dann auf der Route 407 in Richtung Hachiôji bis zur Route 299, dann auf der Route 299 in Richtung Hannô und Chichibu 秩父市 oder: auf dem Chûô Expressway bis Hachiôji, dann auf der Route 16 nach Norden bis zur Route 299 nach Hannô und Chichibu.

Es gibt ein verhältnismäßig unbekanntes Wandergebiet, nur eine Bahnstunde von Tokyo entfernt: „Oku-Musashi" im Saitama-Ken zwischen Hannô und Chichibu. Man fährt von Ikebukuro aus etwa 1 Std. bis Hannô, und von der zweiten Station ab Hannô (Kôma 高麗) kann man praktisch von jedem Bahnhof aus rechts und links der Bahnlinie entlang herrliche Wanderungen machen. Man bekommt an den Zielbahnhöfen sehr gute, mitunter kostenlose Wanderkarten, die zwar nur japanisch beschriftet, aber durch die klare und farbige Darstellung sowie Angabe der Wanderzeit in Minuten und der Höhen der Berge in Metern sehr brauchbar sind. Fragen Sie nach einem „Haikingu Chizu" ハイキング地図 .

Von Kôma aus kann man den Koma-Fluß entlang wandern, im Sommer auch in dem sehr klaren Wasser baden. Die Berge dort sind nicht viel höher als 600 m, und abseits der Route 299, parallel zur Bahnlinie verlaufend, findet man noch schöne alte Bauernhöfe. Am besten ist es, an Hand der Wanderkarte einen Fußweg rechts oder links der Bahnlinie ausfindig zu machen, auf dem man dann den Bergrücken entlang bis zum nächsten oder übernächsten Bahnhof wandert. Es gibt unzählige alte Tempel, einen z.B., wo man Heilung für Fußleiden findet, in dem unzählige Strohsandalen mit Dankesschreiben, nicht unähnlich den Votivtafeln in Süddeutschland, aufgehängt sind. Einer der alten Tempel, „Takayama Fudô", hat jedes Jahr am 15. April ein Tempelfest, bei dem die Mönche ein großes Feuer entfachen und dann barfüßig, ohne sich zu verbrennen, durch die Glut schreiten, um die Kraft des Gebetes zu zeigen. Viele der Gläubigen tun es ihnen nach. Nur an diesem Tag gibt es eine kostenlose Busverbindung auf sehr schlechtem Feld- und Waldweg vom Bahnhof Agano aus, sonst muß man 1½ Std. zu Fuß gehen. Vom Bahnhof Musashi-Yokoto aus kann man eine schöne Wanderung machen über einen alten Bergbauernhof namens Yugate zum Bahnhof Higashi-Agano. Es gibt in dieser Gegend noch sehr viele Höfe, die nur zu Fuß zu erreichen sind, und überall sind die Leute sehr freundlich. Es gibt noch keine Hotels und Restaurants, man muß sich also den Tagesproviant selbst mitbringen. Der einzige Ort, der schon etwas touristisch angehaucht ist, ist Ashigakubo, zwei Stationen vor Chichibu, wo man von November bis März im Freien Schlittschuhlaufen und im Sommer eigenhändig Erdbeeren, später Trauben und Edelkastanien gegen Bezahlung ernten kann. Dort gibt es auch ein paar Nudelstände, und das Dorf ist zum Herzeigen für die Touristen „schön" gemacht, z.B. zwei alte Wasserräder in Betrieb, eine Herde weißer Enten im Teich. Ashigakubo ist übrigens die einzige Station zwischen Hannô und Chichibu, in der der zuschlagspflichtige Schnellzug „Red Arrow" hält, den Sie für Ihre normalen Familienausflüge nicht benutzen. An Sonntagen gibt es zwischen 7.00 und 10.00

Freizeit

Uhr etwa alle 20 Min. durchgehende Ausflugszüge, die nicht zuschlagspflichtig sind und ab Hannô an jedem Bahnhof halten. Für den Rückweg fahren diese Züge ab ca. 15.00 Uhr.

Tagesausflug zum Takayama Fudô
高山不動

Der Takayama Fudô ist ein alter Bergtempel, der vor über 1300 Jahren gegründet wurde. Am 15. April findet das Tempelfest statt, bei dem die Mönche barfuß durch das Feuer laufen, und wer Mut hat, kann es ihnen nachtun. Es soll gut sein gegen Erkältung, Depressionen und Fußpilz. Am Fuße des Tempels, vom Tempel aus abwärts über eine sehr steile ausgetretene Treppe, steht ein uralter heiliger Ginkô-Baum, von dessen Zweigen bizarre, euterartige Auswüchse herunterhängen. Es heißt, daß, wer diese berührt, mit Kindern gesegnet sein wird. Viele unfruchtbare Frauen sollen von diesem Baum wunderbare Hilfe erfahren haben.

Anfahrt

Mit der **Seibu Ikebukuro Linie** ab Bahnhof Ikebukuro brauchen Sie über Hannô 飯能, Richtung Chichibu 秩父 bis zu Ihrem Aussteigebahnhof Nishi Agano 西吾野駅 ca. 70 Minuten. An Sonn- und Feiertagen verkehren morgens die Ausflugszüge 快速急行, die bis zum Wandergebiet Okumusashi 奥武蔵 durchfahren; an den Werktagen braucht man etwa 20 Minuten länger.

In Nishi Agano folgen Sie dem in der

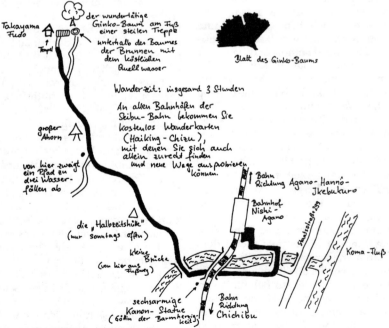

Karte: Wanderung „Takayama Fudô"

Skizze angegebenen Weg, dem Bach entlang, unter der Bahn hindurch und beim ersten Brückchen rechts hoch. Der Pfad geht steil hinauf, bis Sie nach ca. 30 Minuten an eine kleine Hütte kommen, wo sonntags eine alte Frau Saft, Tee und handgeschnitzte Spazierstöcke verkauft. Von da aus haben Sie nochmals eine halbe Stunde bis zum Tempel, dessen rotes Dach Ihnen schon bald vor der blauen Silhouette des Chichibu-Gebirges entgegenleuchtet.

Falls Sie einen anderen Rückweg nehmen möchten, können Sie vom Tempel aus zum Bahnhof Agano 吾野駅 wandern. Der Weg ist gut beschildert. Wenn Sie sich das Schriftbild des Kanji einprägen, können Sie nicht verkehrt gehen. Alle Wanderwege führen bachabwärts bis zu einer Bahnstation. Die Wanderwege sind auch für Kinder geeignet.

Wichtig! Es gibt keine Restaurants. Bringen Sie also Ihren Proviant mit!

Ausflüge nach Chiba

Hierzu genügt eine gute Straßenkarte. (Plan S. 132)

Badeausflug nach Nosaka ans Meer

Fahrtroute

Sie fahren auf der Autobahn Nr. 7 Richtung Narita Airport, biegen aber nicht rechts ab nach Chiba, sondern bleiben auf dem Highway bis zur Ausfahrt Tomisato 富里. Folgen Sie dann der Route 296, bis sie auf die Route 126 stößt. Hier biegen Sie nach links, fahren bis zur ersten Ampel und dort nach rechts. Nun folgen Sie dieser Staße weiter geradeaus, bis Sie ans Meer kommen.

Während der Fahrt passieren Sie drei Tollgates. Wenn Sie diese Ausgaben sparen möchten, müssen Sie durch die Stadt Chiba 千葉 fahren, dazu brauchen Sie aber erheblich mehr Zeit. Von Tokyo bis Nosaka ans Meer sind es etwa 100 km. Sie sollten dafür mindestens 2 Stunden rechnen.

In Nosaka, wie überhaupt auf der Chiba-Halbinsel, können Sie weite, leere Sandstrände finden, Dünen und sauberes Meerwasser mit nordseeähnlicher Brandung. Vorsicht, das Meer hat oft starke Strömungen! Selbst wenn zu bestimmten Ferienzeiten mancher Strand ziemlich bevölkert ist, können Sie ein paar 100 m weiter Ruhe finden.

Größerer Ausflug um die Chiba-Halbinsel

Für folgenden Ausflug brauchen Sie eine gute Straßenkarte. Sie können ihn innerhalb eines Tages machen, falls Sie nur an einigen Stationen Halt machen oder auch in 2–3 Tagen und zwischendurch übernachten, ohne vorher ein Hotel zu bestellen. Es hat sich gezeigt, daß selbst in der Goldenen Woche noch einzelne Zimmer frei waren. Falls Sie nicht dieses Glück haben sollten, liegt dieses Ausflugsgebiet noch immer so nahe an Tokyo, daß man auch nachts noch zurückfahren kann.

Fahrtrouten

Um zum Ausgangspunkt dieser Rundfahrt, dem Städtchen Nokogiriyama 鋸山 zu kommen, gibt es verschiedene Möglichkeiten.

1. Sie fahren auf der Autobahn Richtung Narita Airport, folgen jedoch bei der Abzweigung Narita/Chiba der Autobahn in

Freizeit

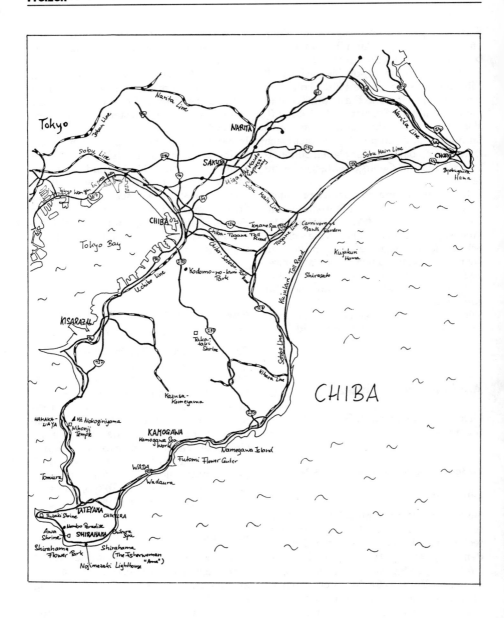

Karte: Chiba-Halbinsel (Chiba-Hantô)

Ausflüge / Wandern

Richtung Chiba, fahren aber nicht bei Chiba ab, sondern bis zum Ende der Autobahn, Richtung Ichihara-Shi 市原市 / Kisarazu-Shi 木更津市 und kommen auf die Route 16, dann 127. Dieser folgen Sie immer am Meer entlang – manchmal sieht man es, manchmal nicht – bis Nokogiriyama (Fahrzeit ca. 3–4 Std.).

2. Sie fahren mit dem Auto zur Autofähre nach Kawasaki (von Tokyo aus 15 km), laden das Auto auf die Fähre und fahren mit der Fähre (ca. 1½ Std.) bis Kisarazu-Shi, von dort aus weiter auf der Route 127 bis Nokogiriyama.

3. Sie fahren von Tokyo aus über den Daisankeihin, die Autobahn Yokosuka bis zur Südspitze der Miura-Halbinsel (Miura-Hantô 三浦半島) bis zum Fährenhafen nach Kurihama 久里浜 und setzen mit der dortigen Fähre (ca. 45 Minuten) direkt über nach Nokogiriyama.

Auf dem Berg bei Nokogiriyama gibt es eine der größten Tempelanlagen Chibas, den Nihonji 日本寺 zu besichtigen. Sie können entweder von Nokogiriyama aus mit der Seilbahn hochfahren, man kann auch hochlaufen, oder man fährt mit dem Auto ungefähr 2 km südlich links eine Bergstraße (mautpflichtig) hinauf zu einem Parkplatz direkt unterhalb der Anlage. Am Eingang erhalten Sie einen Lageplan der einzelnen Sehenswürdigkeiten. Haben Sie den höchsten Punkt des Berges bestiegen, so haben Sie nach der einen Seite einen herrlichen Blick aufs Meer, auf der anderen einen Blick auf Chibas „Berge".

Von Nokogiriyama aus führt die Rundreise auf der Route 127 nach Süden, zuerst nach Tateyama-Shi 館山市. In Tateyama-Shi verlassen Sie die 127, die in die 128 übergeht, und fahren am Meer entlang die Spitze der Chiba-Halbinsel aus, am Cap Shuzaki vorbei über die Daiichi-Flowerline bis zum Shirahama Flower-Park 白浜フラワパーク, einem weitläufig angelegten Botanischen Garten.

Wenn Sie nun weiter der Straße am Meer entlang folgen, stoßen Sie etwas vor Wada Machi auf die Route 128, der Sie bis Kamogawa-Shi 鴨川市 folgen. In Kamogawa-Shi können Sie Kamogawa Sea World besichtigen, bekannt für seine Shows mit Killerwalen, Delphinen und anderen im und am Meer lebenden Tieren. Natürlich können Sie zwischendurch immer wieder einen Halt einlegen, um sich andere Sehenswürdigkeiten anzuschauen oder um zu schwimmen. Von Kamogawa-Shi aus empfehlen wir für den Rückweg, der Route 128 zu folgen bis Tôgane-Shi 東金市, dort die Route 126 einzuschlagen bis Chiba. Falls Sie eine gute Straßenkarte besitzen, versuchen Sie doch mal eine der kleinen Straßen von der West- zur Ostküste der Halbinsel, durch Chibas kleine Berge.

Ausflüge nach Shimoda
(Plan S. 134)

Anfahrtsweg

Mit dem **Schnellzug** von Tokyo bis Atami (55 Min.), danach von Atami bis Shimoda mit der JR & Izukyû Express Railway (ca. 1½ Stunden). Mit dem direkten Zug von Tokyo nach Shimoda in 2 Std. 50 Min.
Für die Fahrt mit dem **Auto** zur Izu-Halbinsel gibt es drei Möglichkeiten:
1. entlang der Küste über Atami und Izu,
2. über die Berge und die Izu-Skyline,
3. über den Amagi-Paß.
Für die Routen 1 und 2 fahren Sie auf dem Tômei Expressway bis Atsugi, dann die Atsugi-Tollroad bis zur Route 135 (Route 1) oder bergauf zum Turnpike (Route 2). Für die Route 3 benutzen Sie den Tômei bis Numazu, dann weiter über Mishima und die Straße 136.

133

Freizeit

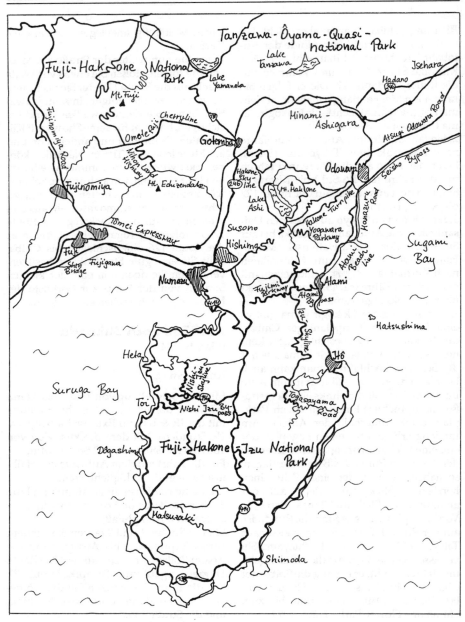

Karte: Izu-Halbinsel (Izu-Hantô)

Ausflüge / Wandern

Hotels in Shimoda

Shimoda Tôkyû Hotel
Shizuoka-Ken, Shimoda-Shi 5-12-1,
☎ (05582) 2-2411,
Tokyo Office ☎ 264-4436

Shimoda Prince Hotel
Shizuoka-Ken, Shimoda-Shi, Hirahama 1547-1, ☎ (05582) 2-7575

Shimoda Grand Hotel
Shizuoka-Ken, Shimoda-Shi 3-21-1,
☎ (05582) 2-1011,
Tokyo Office ☎ 221-5501

Rundfahrten in Shimoda

Es gibt unzählige Rundfahrten in und um Shimoda. Falls Sie sich für die Sehenswürdigkeiten und nicht nur für den Strand in Shimoda interessieren, empfehlen wir Ihnen, sich in den großen Hotels oder im Reisebüro eine ausführliche Liste der Rundfahrten zu besorgen.

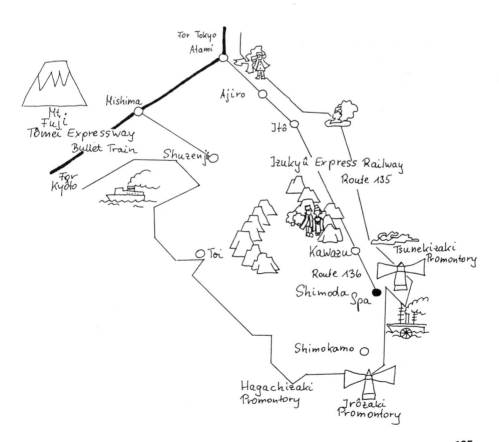

Freizeit

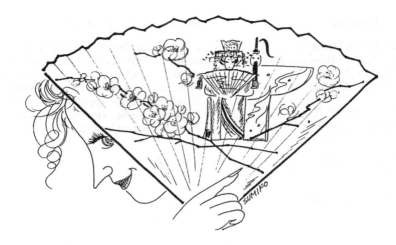

4. Japanische Feiertage / Volksfeste / Tierkreis - zeichen

I. Japanische Feiertage

1. Januar
Neujahr
Einige Geschäfte haben bis 3. oder 4. Januar geschlossen

15. Januar
Volljährigkeitstag

11. Februar
Staatsgründungstag

20. oder 21. März
Frühlings-Tag-und-Nacht-Gleiche

29. April
Nationalfeiertag – Greenery Day

3. Mai
Verfassungstag

5. Mai
Kindertag

15. September
Tag der Alten

23. oder 24. September
Herbst-Tag-und-Nacht-Gleiche

10. Oktober
Tag des Sports

3. November
Tag der Kultur

23. November
Erntedank

23. Dezember
Kaisers Geburtstag

Anmerkungen

Die Woche vom 29.4. bis 5.5. wird „Goldene Woche" genannt.
Fällt in Japan ein nationaler Feiertag auf einen Sonntag, so ist am darauffolgenden Montag frei.

II. Feste in Tokyo und der nahen Umgebung

1.–3. Januar
Neujahr
Tempel und Schreine sind geschmückt und werden von der Bevölkerung besucht, ein buntes Bild und ideal zum Fotographieren. Besonders beliebt ist der Meiji-Schrein und der

Japanische Feiertage / Volksfeste / Tierkreiszeichen

Asakusa Tempel. Am Yasukuni-Schrein in Kudan, Chiyoda-Ku, kann man Nô-Theater, Koto-Musik und Tänze erleben.

2. Januar
Neujahrsbesuch im Kaiserpalast
Von 9.00–15.00 Uhr ist der Palastgarten für die Bevölkerung geöffnet. Der Kaiser erscheint mit seiner Familie mehrere Male auf dem Balkon.

6. Januar
„Dezomeshiki" oder die Neujahrsparade der Feuerwehr am Harumi Pier
Eine besondere Attraktion sind die akrobatischen Vorführungen an hohen Bambusleitern von den Feuerwehrleuten in Kostümen aus der Edo-Zeit. Beginn ca. 10.00 Uhr morgens.

3. Februar
„Setsubun oder das Bohnenwerffest" (mamemaki)
Nach dem Mondkalender ist dieser Tag der letzte des Winters, und man wirft die Bohnen, um die Teufel zu vertreiben. In jedem Tempel und Schrein, und auch in jeder Familie, wird diese Zeremonie veranstaltet, am interessantesten ist es am Sensôji-Tempel in Asakusa, am Zôjôji-Tempel in Shiba nahe dem Tokyo Tower und am Hie-Schrein in Akasaka in der Nähe des Capital Tôkyû Hotels.

25. Februar – 15. März
„Ume Matsuri" oder Pflaumenblütenfest am Yushima Tenjin-Schrein in Bunkyô-Ku nahe der Yushima Station an der Chiyoda U-Bahn
Die Pflaumenblüte ist sehr schön, und an jedem Samstag und Sonntag während dieser Zeit finden dort Teezeremonien im Freien (Nodate) statt.

3. März
Puppen- und Mädchenfest
Ab etwa Anfang Februar können Sie in allen großen Kaufhäusern, in extra eingerichteten Abteilungen, Puppentreppen anschauen und kaufen.

3.–4. März
„Daruma Ichi", Darumamarkt am Jindaiji-Tempel in Chôfu, 10 Minuten vom Chôfu-Bahnhof der Keiô Linie
Tausende von Daruma-Figuren sind dort aufgestellt, dazu werden traditionelle Tänze und Musik vorgeführt, ein fröhliches und buntes Bild für Kinder und Fotofreunde.

2. Sonntag im März
„Hiwatari" – Durchschreiten des Feuers in Kôtsû Anzen Kitôden Hiroba am Berg Takao
Priester der Bergtempel schreiten barfuß über die noch glimmenden Hölzer eines Bon-Feuers (Feuer für die Seelen der Verstorbenen).

18. März
„Kinryû no mai" – Drachentanz am Asakusa Kanon-Tempel nahe der Asakusa Station der Ginza U-Bahn
Der Tanz wird um ca. 14.00 Uhr und 16.00 Uhr gezeigt, dazu eine Parade.

26. März – 15. April
„Sakura Matsuri" im Ueno Park, Kirschblütenfest.

8. April
„Hana Matsuri", Blumenfest zur Feier von Buddhas Geburtstag
Man veranstaltet eine Parade mit einem weißen Elefanten aus Pappmaché. Dieses Fest wird an vielen Tempeln veranstaltet, am besten kann man es im Sensôji-Tempel in Asakusa erleben.

9. April
„Shirasagi no mai", Tanz des weißen Reihers am Asakusa Kanon-Tempel
Beginn gegen 11.00 Uhr und 13.00 Uhr. Gleichzeitig findet eine Parade statt.

9.–16. April
„Kamakura Matsuri", Schreinfest am Hachiman-Schrein in Kamakura
Man sieht eine Parade mit Menschen in historischen Kostümen, eine „Mikoshi" Parade von tragbaren Schreinen und am letzten Tag „Yabusame", das Bogenschießen vom galoppierenden Pferd aus.

Freizeit

29. April – 3. Mai
Frühlingsfest am Meiji-Schrein, nahe Harajuku Station
Es werden Tänze vorgeführt, Bugaku und Nô, klassische japanische Musik gespielt. Am letzten Tag kann man „Kyûdô", japanisches Bogenschießen nahe dem Budôjô, erleben.

3. Mai
„Yokohama Minato Matsuri" oder Yokohama-Hafenfest
Man feiert die Öffnung des Hafens für ausländische Schiffe. Gegen 11.00 Uhr morgens startet eine bunte und internationale Parade und endet gegen 14.00 Uhr am Maita Kôen.

Mitte Mai
Kanda-Fest des Myôjin-Schreins in Kanda
Zwei riesige Sänften des Schreins, Erinnerungen an die alten Tage der Feudalzeit, werden durch die Straßen gezogen.

19.–20. Mai
„Sanya Matsuri", eines der drei größten Feste in Tokyo, wird vom Asakusa Jinja veranstaltet
Große Parade von Geishas, Binzasaramai-Tänzern und den Stadtvertretern. Außerdem eine „Mikoshi"-Prozession mit 100 tragbaren Schreinen.

20.–21. Mai
„Minato Matsuri" in Yokosuka auf der Miura Halbinsel
Großer Umzug mit Blasmusik und Volkstänzen und „Mikoshi"-Prozession.

9.–10. Juni
„Hôzuki Ichi", Kirschenmarkt auf dem Gelände des Sensôji-Tempels in Asakusa
Hunderte von Straßenständen werden aufgebaut, an denen man Kirschensträucher und Windmühlen kaufen kann.

10.–16. Juni
„Sannô Matsuri" des Hie-Schreins
nahe dem Capitol Tôkyû Hotel mit Vorführungen, Tänzen und Teezeremonien im Freien.

15.–26. Juni
Iris-Ausstellung am Yasukuni Schrein in Kudan.

1. Juli – 31. August
Fischen mit Komoranen
Dieser althergebrachte Sport wird jeden Abend in Arashiyama gezeigt. Es ist sehr hübsch zu sehen, wie im Dunkeln die Boote mit Fackeln den Fluß entlanggleiten, wobei die Vögel Fische fangen.

5.–9. Juli
„Tanabata Matsuri", besonders schön in Hiratsuka, 70 km entfernt von Tokyo an der Tôkaidô Linie
Die Straßen sind prächtig geschmückt mit langen bunten Papierdekorationen und weißen Papierfahnen, auf denen Kinder Gedichte und Wünsche geschrieben haben.

13.–16. Juli
„Mitama Matsuri", Fest für die Seelen der Toten
Religiöse Bräuche werden im ganzen Land begangen, zur Erinnerung an die Toten, die, nach buddhistischem Glauben, die Erde zu dieser Zeit besuchen. Kleine Lichter werden für ihre Seelen angezündet. In Tokyo kann man Bon-Odori Tänze sehen, auch klassische Tänze und andere Vorführungen. Hübsch sind die 6000 aufgehängten Laternen am Yasukuni-Schrein.

um den 14.–17. Juli
„Gion-Fest" in Kyôto am Yasaka-Schrein
Es ist wohl das berühmteste und größte Shintô-Fest in dieser Stadt mit dem Höhepunkt des Aufzuges der Festwagen am 17.7.

17. Juli – 15. August
„Edo Shumi Nôryô Taikai", Sommerabendfest
an den Ufern des Shinobazu-Teiches und auf dem Gelände der Pagode im Ueno Park.

28. Juli
„Hanabi Taikai", ein großes Feuerwerk von 19.00–21.00 Uhr am Edo-Fluß, nahe dem Shibamata-Platz.

Anfang August
Feuerwerkveranstaltungen in Keiô – Tamagawa, am Tama-Fluß.

15. August
Laternenfest am Kasuga-Schrein in Nara
Dieser Schrein hat etwa 3000 Laternen, die aus der Zeit um 1323 stammen. Die Laternen sind Devotionsgeschenke der Gläubigen an die Götter des Schreins.

16. August
Freudenfeuer auf dem Nyoigadake-Berg in Kyôto
Am Abend wird ein riesiges Feuer auf den Hängen des Berges entzündet, das die Form des chinesischen Zeichens für „groß" zeigt. Auf den Hügeln rund um die Stadt leuchten noch andere Zeichen, eins nach dem anderen, auf. Die Feuerzeichen gelten den Seelen der Verstorbenen.

24. August
„Hanabi Taikai", Feuerwerk am Sumida-Fluß in Ryôgoku, Sumida-Ku
Einen guten Blick hat man vom Sumida-Park auf der Asakusa-Seite des Flusses.

16. September
„Yabusame" am Hachiman-Schrein in Kamakura
Japanisches Bogenschießen von galoppierenden Pferden aus, die Reiter in alten Kostümen.

Anfang Oktober
Tokyo-Fest
Dieses Fest wurde zum erstenmal im Jahre 1956 gefeiert, zur 500 Jahrfeier des Baues der Burg in Edo (Tokyo), wo heute der Kaiserpalast steht. Es wird durch eine Reihe bunter Programme gestaltet, darunter das Hafenfest von Tokyo, ein Miss-Tokyo-Wettbewerb, eine Parade von Festzugwagen, die mit Blumen geschmückt sind, eine Laternenprozession und verschiedene Ausstellungen.

11.–12. Oktober
Oeshiki-Fest des Honmonji Tempels
Dieses Fest wird zur Erinnerung an den buddhistischen Priester Nichiren gefeiert. In der Nacht zum 12. Oktober gehen die Leute mit großen Laternen, die mit Papierblumen reich verziert sind, zum Tempel.

17.–19. Oktober
Herbstfest im Yasukuni-Schrein mit Tänzen, Nô-Aufführungen und Bogenschießen.

18. Oktober
„Kinryû no mai", Drachentanz am Asakusa-Kanon-Tempel.

31. August – 3. November
Herbstfest am Meiji-Schrein
Dieses Fest wird abgehalten zum Dank an die Götter für die gute Ernte. Man kann dort ein umfassendes Programm von klassischen Tänzen und Musik im Freien erleben. Auch Nô, Bugaku, jap. Bogenschießen und Aikidô werden vorgeführt. Am letzten Tag gegen Mittag findet das Yabusame (Bogenschießen) im äußeren Garten des Parks statt.

3. November
„Daimyô Gyôretsu", Prozession von Männern und Frauen in Kostümen der Edo-Zeit im Stadtgebiet von Hakone Yumoto.

3. November
„Shirasagi no mai", Tanz des weißen Reihers am Asakusa Tempel.

15. November
„Shichi-go-san", Tag der Kinder, die 7, 5 und 3 Jahre alt sind.
Hübsch angezogen sieht man Eltern und Kinder an diesem Tag zum Schrein gehen. Ein beliebter Ort ist der Meiji-Schrein.

Während des Monats November
Am Ôtori-Schrein in Asakusa werden Hahnmärkte (tori-no-ichi) abgehalten
Diese Feste finden an den Tagen des Hahnes im November statt, entsprechend dem asiatischen Tierkreiszeichenkalender. Besonders charakteristisch für dieses Fest ist der Verkauf von

Freizeit

„kumade" (Bärentatzen), das sind mit Schmuck behängte Bambusharken.

14. Dezember
„Gishi Sai", Fest der 47 Rônin (Samurai ohne Herrn) am Sengakuji-Tempel, Minato-Ku.

17.–19. Dezember
„Hagoita Ichi", Verkauf von bemalten und geschmückten japanischen Federballschlägern
Ein bunter Markt mit Verkauf von Neujahrsdekorationen am Asakusa-Kannon-Tempel.

27.–29. Dezember
„Toshi no ichi", ein weiterer Markt zum Jahresende am Yagenbori Fudô Tempel.

31. Dezember
„Ômisoka" oder der große letzte Tag
Von vielen Tempeln sind die 108 Glockenschläge zu hören. 107 Schläge sind für die Sünden des alten Jahres, 1 Schlag ist für die Sünden des neuen. Viele japanische Familien gehen in der Neujahrsnacht zum Tempel. Berühmt dafür sind: der Zôjôji-Tempel in Shiba, der Asakusa-Kannon-Tempel und der Honmonji-Tempel.

_____ **Hinweis** _____
Weitere Informationen über Feste und besondere Ereignisse erhalten Sie beim:

Tourist Information Center (TIC) (Plan S. 34)
Tokyo, Chiyoda-Ku, Yûraku-Chô 1-6-6,
☎ 502-1461

III. Tierkreiszeichen

Ratte (Ne)	1900	1912	1924	1936	1948	1960	1972	1984	1996
Ochse (Ushi)	1901	1913	1925	1937	1949	1961	1973	1985	1997
Tiger (Tora)	1902	1914	1926	1938	1950	1962	1974	1986	1998
Kaninchen (U)	1903	1915	1927	1939	1951	1963	1975	1987	1999
Drache (Tatsu)	1904	1916	1928	1940	1952	1964	1976	1988	2000
Schlange (Mi)	1905	1917	1929	1941	1953	1965	1977	1989	2001
Pferd (Uma)	1906	1918	1930	1942	1954	1966	1978	1990	2002
Schaf (Hitsuji)	1907	1919	1931	1943	1955	1967	1979	1991	2003
Affe (Saru)	1908	1920	1932	1944	1956	1968	1980	1992	2004
Hahn (Tori)	1909	1921	1933	1945	1957	1969	1981	1993	2005
Hund (Inu)	1910	1922	1934	1946	1958	1970	1982	1994	2006
Wildschwein (Ii)	1911	1923	1935	1947	1959	1971	1983	1995	2007

(K) Erdbeben / Taifun

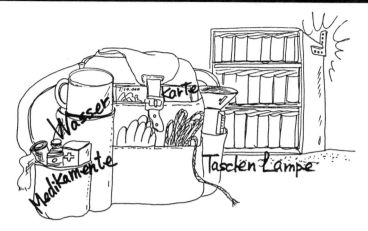

Japan zählt zu den großen Erdbebengebieten der Welt. Das größte in neuerer Zeit war 1923 mit 100 000 Todesopfern und 440 000 Obdachlosen. Glücklicherweise sind die meisten Erdbeben schwach und werden von uns oft nicht einmal wahrgenommen. Da es nicht möglich ist, Erdbeben vorauszusagen, sollten Sie sich wenigstens folgende 10 Punkte für den Notfall einprägen:

1. Schließen Sie sofort den Haupthahn der Gasleitung und löschen Sie sonstige Feuerquellen.
2. Kriechen Sie unter einen stabilen Tisch, um sich vor fallenden Gegenständen zu schützen. Auch die Toilette ist ein geeigneter Ort, da die Wände eng beisammen stehen. Es ist sicherer, sich im 2. Stock aufzuhalten, falls es zum Einsturz des Hauses kommen sollte.
3. Rennen Sie nicht nach draußen, da Sie durch herunterfallende Gegenstände, wie Ziegel, Straßenschilder usw. verletzt werden können.
4. Öffnen Sie Fenster oder Türen, um sich einen Fluchtweg zu sichern.
5. Halten Sie immer Kontakt mit Nachbarn, schon allein wegen der Nachrichten, die anfangs nur japanisch gesendet werden. Halten Sie sich außerhalb des Hauses fern von Betonmauern, Gartentoren und Automaten, da diese umfallen können.
6. Falls Sie sich in einem Kaufhaus, Kino oder Theater aufhalten, folgen Sie den Anweisungen des Personals.
7. Benutzen Sie keinen Aufzug. Falls Sie in einem Aufzug eingeschlossen sein sollten, rufen Sie Hilfe über das Interphon. Versuchen Sie nicht, sich selbst zu befreien.
8. Halten Sie sich fern von Abhängen. Falls Sie sich am Meer aufhalten, bringen Sie sich in ein sicheres Gebiet wegen der Flutwellen.
9. Benutzen Sie wenn möglich nicht das Telefon oder das Auto. Bringen Sie sich zu Fuß mit sowenig Gepäck wie möglich in Sicherheit.
10. Nehmen Sie auf alle Fälle ein Radio mit, um immer die neuesten Nachrichten hören zu können. Handeln Sie ruhig und überlegt.

Erdbeben / Taifun

Um auf ein größeres Erdbeben vorbereitet zu sein, sollten Sie folgende Vorsichtsmaßnahmen treffen:

1. Befestigen Sie Ihre hohen Schränke oder Regale an den Wänden.
2. Sehen Sie zu, daß Sie immer einen funktionierenden Feuerlöscher im Haus haben und lernen Sie damit umzugehen. Halten Sie auch eine Taschenlampe bereit, falls der Strom ausfällt.
3. Vergewissern Sie sich, wo das für Ihr Wohngebiet vorgesehene Evakuierungsgebiet liegt. Schauen Sie sich nach sicheren Plätzen in Ihrer Nachbarschaft um.
4. Fragen Sie an den Schulen und Kindergärten Ihrer Kinder nach, wohin diese im Ernstfall evakuiert werden.
5. Packen Sie einen Notrucksack, „Safety Bag", am besten pro Familienmitglied einen, mit (Vorschläge):
    a) 3 Tagesrationen an ungesüßten Getränken in Dosen oder Plastikflaschen (Fujiwasser),
    b) lange haltbare Nahrungsmittel wie Kekse, Haferflocken in Dosen, vakuumverpacktes Dörrobst, ungesalzene Nüsse, Wurstkonserven (Corned Beef, Würstchen),
    c) Erste-Hilfe-Material wie: Dreiecktuch, Mundschutz, Heftpflaster, Sicherheitsnadeln, Brand- und Wundsalbe, wichtige Medikamente,
    d) Toilettenpapier, Messer, Taschenlampe, Streichhölzer, Kleingeld,
    e) Kopien Ihres Passes und Certificate of Alien Registration, Diabetikerausweis usw.

In den großen Kaufhäusern können Sie speziell für den Notrucksack verpackte Lebensmittel und Erste-Hilfe-Bags oder auch bereits fertig zusammengestellte Überlebensrucksäcke kaufen.

Als **Autofahrer** sollten Sie beim starken Erdbeben folgendes beachten:
1. Parken Sie Ihr Auto am linken Straßenrand oder, falls in unmittelbarer Nähe ein Parkplatz sein sollte, dort und schalten Sie den Motor ab.
2. Versuchen Sie, sich durch das Autoradio zu informieren.
3. Versuchen Sie nicht, mit dem Auto noch nach Hause zu fahren oder gar aus der Stadt zu fliehen.
4. Folgen Sie den Anweisungen der japanischen Polizei.

Im Falle eines Erdbebens werden folgende Straßen gesperrt:

1. alle Straßen innerhalb von Kannana-Dôri und Daini Keihin (= Stadtmitte),
2. bis zur Stadtgrenze Tokyos: Nakahara-Kaidô, Meguro-Dôri, Kawagoe-Kaidô, Nakasendô, Mito-Kaidô, Kuramaebashi-Dôri, Keiyô-Dôro,
3. alle Stadtautobahnen (Shuto-Expressway),
4. der Autoverkehr von den umliegenden Präfekturen in die Innenstadt Tokyos.

Im alleräußersten Notfall, bei großen Katastrophen, z.B. bei ausgedehnten Bränden nach einem Erdbeben, werden die Bewohner der betroffenen Bezirke in bestimmte Sicherheitszonen evakuiert. Bitte informieren Sie sich über die für Ihr Wohngebiet vorgesehene Sicherheitszone an Hand des beiliegenden Planes Seite 143.

Im Falle eines **Taifuns** schließen Sie Ihre Fenster und die Holzläden.

Chiyoda-Ku
1 Kitanomaru-Park, Yasukuni-Schrein und nähere Umgebung
2 Östlicher Teil des kaiserlichen Palastgartens

Erdbeben / Taifun

Evakuierungsgebiete bei einem sehr starken Erdbeben

Die hier angegebenen Nummern der Evakuierungsgebiete finden Sie auch in der Straßenbeschilderung Tokyos.

Chiyoda-Ku
1 Kitanomaru-Park, Yasukuni-Schrein und nähere Umgebung
2 Östlicher Teil des kaiserlichen Palastgartens
3 Großer Platz vor dem Kaiserpalast und Hibiya-Park
4 Nagata-Chô und Kasumigaseki-Gebiet
121 feuersichere Gebäude im Marunouchi-Gebiet

Chûô-Ku
5 Umgebung des Hama Rikyû-Palastes
6 Harumi

Minato-Ku
7 Staatliches Gästehaus (Umgebung des Akasaka Rikyû-Palastes)
8 Shiba Park, Zôjôji-Tempel und Umgebung
9 Onshi Garden (Gebiet des früheren Shiba Rikyû-Palastes)
10 Keiô-Universität und Umgebung
11 Tokyo University of Fisheries, Kônan Housing Complex
12 Takanawa 3-Chome und Umgebung
13 Shiroganedai (Natural Education Park), Sacred Heart School, Tokyo University of Medical Science
14 Arisugawa-Park und Umgebung
15 Aoyama-Friedhof

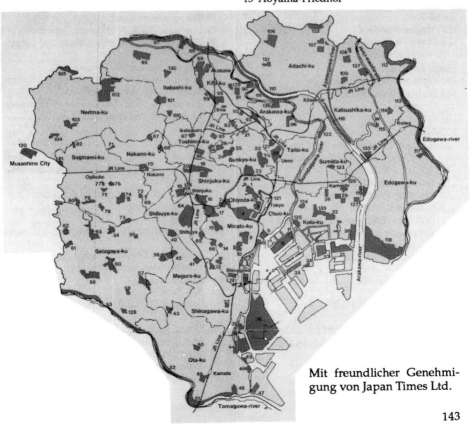

Mit freundlicher Genehmigung von Japan Times Ltd.

Erdbeben / Taifun

Shinjuku-Ku
16 Toyama Heights
17 Äußerer Garten des Meiji-Schreins
18 Shinjuku Gyoen National Garden
19 Shinjuku Central Park und Umgebung
20 Totsuka Metropolitan Housing Complex
134 feuersichere Gebäude im Nishi-Shinjuku-Gebiet

Bunkyô-Ku
21 Rikugien-Garten
22 Tokyo-Universität
23 Kôrakuen und Umgebung
24 Ochanomizu Women's University und Umgebung
25 früheres Gebiet der Tokyo Education University
26 Gokokuji-Tempel und Umgebung

Taitô-Ku
27 Yanaka-Friedhof
28 Ueno-Park und Umgebung

Sumida-Ku
122 Östlicher Teil von Shirahige
123 Metropolitan Bunka 1-Chome Housing Complex

Kôtô-Ku
29 Housing Corp's Ojima 4, 6-Chome, Kitasuna 5-Chome Housing Complex
30 Shinsuna 3-Chome
31 Yumenoshima-Insel
32 Housing Corp's Minami Suna 2-Chome Housing Complex
33 Tatsumi 1, 2-Chome, Shiomi Undô Park
34 Shinonome 2-Chome
35 Ariake 2-Chome
36 Sarue Onshi Park und Umgebung
124 Kiyosumi-Garten
125 Tokyo Mercantile Marine Univ. und Umgebung
126 Kameido Central Park
127 Metropolitan Higashi Suna 2-Chome Housing Complex
135 Teil des Kiba-Parks, Gebiet des Kôtô Ward-Office

Shinagawa-Ku
37 Japan Railways Ôi Factory
38 Ôi Pier
39 Ôi Pferderennbahn

Meguro-Ku
40 Tokyo Univ.'s College of General Education
41 Metallic Material Research Institute und Umgebung
42 Defense Agency's Technical Research & Development Institute, Setagaya Park und Umgebung

Ôta-Ku
43 Tokyo Institute of Technology
44 Heiwajima
45 Shôwajima Ryokudo-Park
46 Morigasaki West Treatment Plant
47 Tokyo International Airport (Haneda)
48 Haginaka-Park, Nishibashi Grünzone
49 Kamata Japan Railway Gebiet und Umgebung
50 Ikegami Honmonji-Tempel
51 Tamagawa-Fluß Trockenbett A (Kumin Plaza Rokugô Drainage Plant)
52 Tamagawa-Fluß, Trockenbett B (Marukobashi-Imaizumi Drainage Plant)

Setagaya-Ku
53 Tamagawa-Fluß, Trockenbett C (Yomiuri Giants Ground und Umgebung, Kinuta Filtration Plant)
54 Nihon Univ.'s Humanities & Science Dept. und Umgebung
55 Hanegi Park
56 Shôwa Women's University und Umgebung
57 Komazawa Olympic Park
58 Metropolitan Horticultural Highschool
59 Kinuta Park
60 Baji Park
61 Setagaya Technical High School und Umgebung
62 Grundstück der Dai-Ichi Life Insurance und Umgebung
63 Grundstück der Meiji Univ. Hachimanyama und Umgebung
128 Tamagawa Nogemachi-Park und Umgebung

Erdbeben / Taifun

Shibuya-Ku
64 Meiji-Schrein und Yoyogi-Park
65 Aoyama Gakuin Univ., Jissen Women's Univ. und Umgebung
66 University of the Sacred Heart

Nakano-Ku
67 National Nakano Sanatorium und Umgebung
68 Tetsugakudô, Oriental Film Factory
69 Hiromachi Kôsha Housing Complex
70 Nakano Ward-Office und Umgebung
71 Saginomiya West Kôsha Housing Complex

Suginami-Ku
72 Risshô Kôsei-kai Kathedrale und Umgebung
73 Meiji Univ. Izumi Schoolhouse und Umgebung
74 Wadabori Park und Umgebung
75 Zempukujigawa-Fluß Grünzone
76 Asagaya Housing, Suginami High School und Umgebung
77 Housing Corp.'s Ogikubo Housing Complex
78 Grundstück von Mitsui Kami-Takaido und Umgebung
79 Metropolitan Kami-Takaido Housing Complex
80 Grundstück des NHK und Umgebung
81 Tokyo Women's Christian College
82 Metropolitan Kamiigusa Grund und Umgebung

Toshima-Ku
83 Somei-Friedhof und Umgebung
84 Zôshigaya Friedhof
85 Toshima-Ku Athletic Ground und Umgebung
86 Gakushûin Univ.
87 Rikkyô Univ.

Kita-Ku
88 Arakawa-Fluß, Trockenbett B (Akabane Golf)
89 Kirigaoka-Akabanedai Housing Complex, Self-Defense Force's Akabane Garnison, National Football Ground und Umgebung
90 Housing Corp.'s Toshima 5-Chome Housing Complex
91 Ôji 6-Chome Kita High School, Sundai Gakuen School und Umgebung
92 Japan Railway Tabata-Ogu Verschiebebahnhof
93 Kita-Ku Katastrophenverhütungszentrum und Umgebung, Research Institute und Umgebung
94 Metropolitan Takinogawa 3-Chome Housing Complex
95 Jûjôdai 1-Chome, Kita-Ku Central Park und Umgebung
129 Housing Corp.'s Ôji 5-Chome Housing Complex

Arakawa-Ku
96 Mikawashima Sewage Treatment Plant
136 Früheres Grundstück der Asahi Denka-Fabrik

Itabashi-Ku
97 Arakawa-Fluß, Trockenbett A (Todabashi und Umgebung, Ukima Park)
98 Takashimadaira 2, 3-Chome und Umgebung
99 Kasei Univ., Kaga Junior High School und Umgebung
100 Mukaihara Kôsha Housing Complex und Umgebung
101 Johoku Central Park
130 Nakadai 3-Chome und Umgebung

Nerima-Ku
102 Hikarigaoka (früher Grand Heights)
103 Shakujii Park und Umgebung
104 Waseda High School, Kami-Shakujii Apartment house und Umgebung
105 Asaka Self Defence Force Camp Drake und Umgebung

Adachi-Ku
106 Toneri und Umgebung
107 Metropolitan Hokima No. 5 Housing Complex, Sportzentrum und Umgebung
108 Tatsunuma Grundschule, Metropolitan Mutsuki-Chô Housing Complex
109 Housing Corp.'s Higashi Ayase Housing Complex
110 Arakawa-Fluß, Trockenbett C (Umeda 4-Chome)

Erdbeben / Taifun

111 Arakawa-Fluß, Trockenbett D (Iwabuchi Senju Sakuragi 2-Chome)
131 Housing Corp's Kôhoku 6-Chome Housing Complex und Umgebung
132 Housing Corp's Hanahata Housing Complex
137 Teil des Nakagawa-Parks

Katsushika-Ku
112 Mizumoto Park und Umgebung, Edogawa-Fluß, Trockenbett A
113 Edogawa-Fluß, Trockenbett B (Kanamachi Filtration Plant-Shibamata)
114 Metropolitan Takasago Housing Complex
115 Okudo Sportgelände
116 Shinyotsugibashi-Gebiet
133 Nishi Shinkoiwa, 1, 2 Chome

Edogawa-Ku
117 Edogawa-Fluß, Trockenbett C (Koiwa Shimoshinozaki), Shinosaki Park
118 südlicher Teil von Edogawa-Ku
119 Komatsugawa-Gebiet

Stadt Musashino
120 Green Park

_____ **Hinweis** _____

Für weitere Informationen wenden Sie sich bitte an:

Tokyo Metropolitan Government
Disaster Prevention Division (Abteilung für Katastrophenschutz) Chiyoda-Ku, Marunouchi 3-5-1, 100-81 Tokyo-To
☎ 212-5111; ext. 20-664

(L) Kleine Literaturauswahl

Weitere Literaturangaben finden Sie auch unter den Kapiteln: Verkehr, Medizinische Betreuung, Sprache, Theater, Jap. Sportarten, Ryokan, Ausflüge/Wandern.

Orientierungshilfen

Cleveland, Anne
It's Better with Your Shoes off, Tuttle, 1975

Living in Japan
Herausgegeben von der amerikanischen Handelskammer, 1961

Research Committee for Bicultural Life in Japan
Now You Live in Japan, The Japan Times Ltd., 1985

Telefonbücher in englischer Sprache
Japan Directory / Japan Yellow Pages

Tokyo Metropolitan Government
Living in Tokyo (kostenlos bei den Ward-Offices), The Japan Times Ltd.

Tokyo YWCA
Japanese Etiquettes (für Frauen), Tuttle

Japanführer / Tokyoführer

Bauer, Helen & Carlquist, Sherwin
Japanese Festivals, Tuttle, 1974

Condon C. and Nagasawa K.
Kites, Crackers and Craftsmen (50 traditionelle Läden in Tokyo), Shufunotomo, 1973

Embutsu, Sumiko
A walking guide to the other Tokyo / Discover Shitamachi, The Shitamachi Times Inc.

Hotta, Anne & Ishiguro, Yôko
A Guide to Japanese Hot Springs, Kôdansha International Ltd., 1986

Jean Pearce
Foot-Loose in Tokyo / More Foot-Loose in Tokyo, 1984

Jean Pearce
How to Get Things Done in Japan (Band 1 u. 2), The Japan Times Ltd.

JTB Reihen
Illustrated Look into Japan; A Look into Tokyo, Living Japanese Style, Eating in Japan u.a.

Nagasawa, Kimiko & Condon, Camy
Eating Cheap in Japan, Shufunotomo, 1972

Popham, Peter
Tokyo, the City at the End of the World, Kôdansha, 1985

Popham, Peter
The Insider's Guide to Japan, Kôdansha, 1984

Bücher über Japan

Barloewen, C. v. & Wehrhahn-Mees (Hrsg.)
Japan und der Westen, Fischer TB 6554-6556 (3 Bände)

Benedict, Ruth
The Chrysanthemum and the Sword, Tuttle, 1954 (Repr. of 1946)

Braw, Monica & Gunnarrson, Hiroe
Frauen in Japan, Fischer TB 3730, 1982

Dambmann, Gerhard
25mal Japan, Piper, 1979

Erlinghagen, Helmut
Japan – Ein deutscher Japaner über die Japaner, dva, 1974

Kawasaki, Ichirô
The Japanese are like that, Tuttle, 1962

Morishima, Michio
Warum Japan so erfolgreich ist, C.H. Beck Verlag, 1982

Shinzinger, R.
Japanisches Denken. Der weltanschauliche Hintergrund des heutigen Japan, OAG-Reihe Japan Modern, Bd. 5, E. Schmidt Verlag, Berlin 1983

Schwalbe, Hans
Japan, Prestel Verlag, 1974

Wendt, Ingeborg Y.
Phänomen Japan, Goldmann Taschenbuch

Wilkinson, Endymion
Japan ist ganz anders, Athenaeum Verlag, 1982

Geschichte

Hall, J.W.
Das japanische Kaiserreich, Fischer Weltgeschichte Bd. 20, 1968

Hall, J.W.
Japan: From Prehistory to Modern Times, Tuttle, 1970

Reischauer, Edwin O.
Japan: The Story of a Nation, Tuttle, 1970

Sansom, George B.
A History of Japan (3 Bände), Tuttle, 1958–1964

Japanische Künste

Munsterberg, Hugo
The Arts of Japan; An Illustrated History, Tuttle, 1957

Munsterberg, Hugo
The Folk Arts of Japan, Tuttle, 1961

Tsuda, Noritake
Handbook of Japanese Arts, Tuttle, 1976

Chibbett, David
The History of Japanese Printing and Book Illustration, Kôdansha, 1977

Yoshimura, Y. & Halford, G.
The Japanese Art of Miniature Trees and Landscapes, Tuttle, 1957

Momiyama, Nanae
Sumie, An Introduction to Ink-Painting, Tuttle, 1967

Sadler, A.L.
Cha no Yu: The Japanese Tea Ceremony, Tuttle, 1963 (Repr. of 1933)

Tanaka, Sen'o
The Tea Ceremony, Kôdansha, 1983

Allen, E.G.
Japanese Flower Arrangements: A Complete Primer, Tuttle, 1963

Munsterberg, H.
The Ceramic Art of Japan / A Handbook for Collectors, Tuttle, 1969

Yamanaka, Norio
The Book of Kimono, Kôdansha, 1982

Ekiguchi, Kunio
Gift Wrapping: Creative Ideas from Japan, Kôdansha Intern., 1985

Hughes, S.
Washi / The World of Japanese Paper, Kôdansha, 1978

Sakade, Florence
Origami: Japanese Paper-Folding, Tuttle, 1957–59

Bohner, Hermann
Nô: Einführung, OAG Supplementbände, Bd. 24, 1959

Bohner, H.
Nô. Die einzelnen Nô, OAG Supplementbände, Bd. 22, 1956

Waley, Arthur
The No Plays of Japan, Tuttle, 1964

Leims, Thomas
Die Geschichte des Kabuki, OAG aktuell, 1980

Halford, A. & G.
The Kabuki Handbook, Tuttle, 1956

Religion

Anesaki, Masaharu
History of Japanese Religion, Tuttle, 1980

Holmes, St. & Horioka, Ch.
Zen Art for Meditation, Tuttle, 1973

Immoos, Thomas
Die Sonne leuchtet um Mitternacht (Archetypen in der Literatur), Walter Verlag, Olten, 1986

Nitobe, Inazô
Bushidô: The Soul of Japan, Tuttle, 1969

Ono, S. & Woodard, W.
Shintô: The Kami Way, Tuttle, 1962

Picken, Stuart C.B.
Shintô: Japan's Spiritual Roots, Kôdansha, 1981

Sport

Haines, B.
Karate's History and Traditions, Tuttle, 1968

Okazaki, T. & Stricevic, M.V.
The Textbook of Modern Karate, Kôdansha, 1984

Sargeant, J.A.
Sumo: The Sport and the Tradition, Tuttle, 1959

Sasamori, J. & Warner, G.
This is Kendo, Tuttle, 1976

Shioda, Gozo
Dynamic Aikido, Kôdansha, 1968

Literatur

Aston, W.G.
A History of Japanese Literature, Tuttle, 1972

Blyth, Reginald H.
diverse Bücher über Haiku

Dauthendey, Max
Die acht Gesichter am Biwa-See, Ullstein TB, 1921

Gessel, van C.
The Shôwa Anthology (moderne, japanische Kurzgeschichten), Kôdansha, 1985

Hammitzsch, Horst (Hrsg.)
Japanische Volksmärchen, Eugen Diederichs Verlag, 1969

Murakami, Ryu
Blaue Lilien auf transparenter Haut, rororo panther 1212

Murasaki, Shikibu
Die Geschichte vom Prinzen Genji, Manesse, 1974-76

Sarashina Nikki
Tagebuch einer japanischen Hofdame aus dem Jahr 1060, hrsg. von Horst Hammitzsch, Stuttgart 1983

Ozawa, Toshio (Hrsg.)
Japanische Märchen, Fischer TB 1469, 1983

Tanaka, Yasuo
Kristall Kids (Nantonaku kurisutaru), übers. aus dem Japanischen von einer Gruppe Bochumer Studentinnen unter Leitung von Jürgen Stalph, Wolfgang Krüger Verlag 1987

Thiess, Frank
Tsushima (Die Geschichte eines Seekriegs), dtv München 1977

Yoshida-Krafft, Barbara (Hrsg.)
Blüten im Wind, Edition Erdmann Verlag, Tübingen 1981

Yoshida-Krafft, Barbara (Hrsg.)
Das elfte Haus, iudicium verlag München 1987

Anmerkungen

Bei den Verlagen Rowohlt, Fischer und Suhrkamp sind a.u. auch Werke folgender Schriftsteller/innen auf deutsch erhältlich:
Ariyoshi Sawako, Enchi Fumiko, Ibuse Masuji, Inoue Yasushi, Kawabata Yasunari, Mishima Yukio, Ôe Kenzaburo, Mori Ôgai, Tanizaki Junichirô.

(M) Miniwörterbuch für die ersten Einkäufe

Die in Klammern angegebenen Kürzel beziehen sich auf die Geschäfte, in denen Sie die entsprechenden Dinge kaufen können. Fisch, Fleisch, Gemüse/Obst, Geflügel, Farben schauen Sie bitte unter den entsprechenden Oberbegriffen nach.

A	=	Apotheke / kusuriya, yakkyoku	薬屋，薬局
AZ	=	Autozubehör / kaa yôhin, jidôsha yôhin	カー用品・自動車用品
BG	=	Bäckereigroßhandel (s.u. Ikeden/Hino)	
BK	=	Bäckerei / Konditorei / panya	パン屋
E	=	Elektrogeschäft / denkiya	電気屋
F	=	Fischhändler / sakanaya	魚屋
G	=	Getränke / sakaya	酒屋
GF	=	Geflügelhändler / toriya, tori no senmonten	鳥屋・鳥の専門店
GO	=	Gemüse/Obst / yaoya	八百屋
KA	=	Kaufhaus / depaato, hyakkaten	百貨店
LB	=	Lebensmittel / shokuryôhinten	食料品店
M	=	Metzger/Fleischer / nikuya	肉屋
NK	=	National Azabu / Kinokuniya	ナショナル・アザブ／紀伊国屋
R	=	Reishändler / komeya	米屋
St	=	Stoffgeschäft / kijiya, yôhinten	生地屋，洋品店
SW	=	Schreibwaren / bunbôgu	文房具
TH	=	Tôkyû Hands	

Aluminiumfolie	arumihoiru	アルミホイル
Appretur	hai kiipu / nori	ハイ キープ・糊
Autoverbandskasten (AZ/A)	jidôshayô kyûkyû bako	自動車用救急箱
Backaromen (BG/NK/LB)	koryo / essensu	ケーキ用調合香料
Backoblaten (BG)	oburaato	オブラート
Backpulver (LB)	beekingu paudaa	ベーキング・パウダー
Bäckerei	panya	パン屋
Baumwolle (ST)	momen	木綿
Besen (KA)	hôki	ほうき
Bilderaufhänger (TH)	tomegane	止め金
Bilderrahmen (KA/TH)	gakubuchi / e no gaku	額縁・絵の額
Binde (A)	hôtai	包帯
Biskuitkuchen (BK)	shooto keeki	ショート・ケーキ
Biskuit, span. (BK)	kasutera	カステラ

Miniwörterbuch für die ersten Einkäufe

Blätterteig (BK/LB)	nama paigawa	生パイ皮
Bleichmittel (LB/A)	haitaa	ハイター
für weiße Wäsche	buriichi/hyohakusai	ブリーチ・漂白剤
für bunte Wäsche	karaa buriichi	カラー　ブリーチ
Bonbons (BK/LB)	ame	あめ
	kyandii	キャンディー
Brot (BK/LB)	pan	パン
französisches	furansu pan	フランス　パン
Graubrot	kuropan	黒パン
Toastbrot	shokupan	食パン
Vollkornbrot	zenryûpan	全粒パン
Bügelbrett (ST/TH)	airondai	アイロン台
Bügeleisen (E)	airon	アイロン
Butter (LB)	bataa	バター
salzlose Butter	muen bataa	無塩バター
Creme caramel (BK)	kasutaado purin	カスタード・プリン
Currypulver (LB)	karee-ko	カレー粉
Damenbinde (A)	seiritai napukin	生理ナプキン・生理帯
Dreieckstuch (A)	sankakukin	三角布
Druckknopf (ST)	hokku	ホック
Eier (LB)	tamago	卵
Eimer (KA)	baketsu	バケツ
Essig (LB)	su	酢
Farben	iro	色
blau	ao	青
bleu	mizuiro	水色
braun	chairo	茶色
bunt	tashoku/tasai	多色・多彩
	moyô no tsuita	模様のついた
dunkelblau	kon	紺
	ai	藍
gelb	ki'iro	黄色
grau	hai'iro	灰色
	guree	グレー
grell	hade	派手
grün	midori	緑
	guriin	グリーン
rosa	pinku	ピンク
rot	aka	赤
schwarz	kuro	黒
unauffällig	jimi	地味
uni	muji	無地
weiß	shiro	白
Federhaken (ST)	kagihokku	カギホック
Federmäppchen (SW/KA)	fudebako	筆箱

Fensterlappen (AZ)	madozôkin	窓ぞうきん
Fische (F)	sakana	魚
Aal	unagi	鰻・うなぎ
Abalone/Seeohr	awabi	あわび
Austern	kaki	かき
Bonito	katsuo	鰹・かつお
Butt	hirame	平目
Fischpastete	kamaboko	蒲鉾・かまぼこ
Forelle	nijimasu	虹鱒・にじます
Garnele	taisho ebi	大正エビ
	kuruma ebi	車エビ
Gelbfisch	buri	ぶり
Gelbfisch (jung)	hamachi	はまち
Heilbutt	ohyô	おひょう
Hering	nishin	にしん
Hering-Ersatz	kohada	こはだ
Hummer	ise ebi	伊勢エビ
Jakobsmuscheln	hotategai	帆立貝
Kabeljau	gindara	銀鱈
Karpfen	koi	鯉
Spiegelkarpfen	doitsugoi	ドイツ鯉
Kaviar (rot)	ikura	イクラ
Krabben	shiba ebi	芝エビ
Krake	tako	たこ
Krebs	kani	かに
Kugelfisch	fugu	ふぐ
Lachs	shake	鮭
Lachs gesalzen	shiojake	塩鮭
Lachs geräuchert	sumooku saamon	スモーク・サーモン
Makrele	saba	鯖
Meerbrasse	tai	鯛
Miesmuschel	muurugai	ムール貝
Muscheln	kai	貝
Sardinen	iwashi	鰯
Scholle	karei	かれい
Seeaal	anago	穴子
Seezunge	shitabirame	舌平目
Steinbutt	ishigarei	石がれい
Tintenfisch	ika	いか
Thunfisch	maguro	鮪・まぐろ
Venusmuschel	asari	あさり
Walfisch	kujira	鯨・くじら
Zander	suzuki	すずき
Fleisch	niku	肉
am Stück	katamari	かたまり
dünn geschnitten	usugiri	薄切り
fettes	aburami	脂身
mageres	abura no sukunai	脂の少ない
fettfreies	akami	赤身

Miniwörterbuch für die ersten Einkäufe

Aufschnitt	hamu, sooseeji no moriawase	ハム・ソーセージの盛り合わせ
Bierwurst	biya sooseeji	ビヤ・ソーセージ
Bratwurst	furesshu pooku sooseeji	フレッシュ・ポークソーセージ
Dörrfleisch	beekon	ベーコン
Fett	abura	油・脂
Hackfleisch	hikiniku	ひき肉
gemischtes	aibiki	合挽
Hammel	maton	マトン
Herz	hatsu / shinzô	ハツ・心臓
Hirsch/Reh	shika	鹿
Innereien	motsu	モツ
Kalbfleisch	ko'ushiniku	子牛肉
Kamm/Halsgrat	kata roosu	カタ・ロース
Kaninchen/Hase	usagi	兎
Kasseler	roosu beekon	ロース・ベーコン
	kanadian beekon	カナディアン　ベーコン
Knochen	hone	骨
Kotelett	roosu	ロース
Lamm	ramu	ラム
Leber	rebaa	レバー
Lende	hire	ヒレ
Niere	mame / jinzô	まめ・腎臓
Ochsenschwanz	okkusu teeru	オックス・テール
Rindfleisch	gyûniku	牛肉
Salami	sarami	サラミ
Schinken	hamu	ハム
gekochter	boiru hamu	ボイル・ハム
roher	nama hamu	生ハム
Wienerwürstchen	uinna	ウインナ
Wildschwein	inoshishi	猪
Wurst	sooseeji	ソーセージ
Zunge	tan / shita	タン・舌
Futterstoff (ST)	uraji	裏地
Geflügel	toriniku	鳥肉
Ente	ahiru	あひる
Fasan	kiji	きじ
Gans	gachô	がちょう
Hühnerfilet	tori sasami	鳥ささみ
Hühnerfleisch	toriniku	鳥肉
Hühnerschlegel	tori momoniku	鳥もも肉
Truthahn	shichimenchô	七面鳥
Wildente	nogamo	野鴨
Gelatinepulver (LB)	zeraisu	ゼライス
Gelee (LB)	zerii	ゼリー
Gemüse/Obst (GO)	yasai / kudamono	野菜・果物
Ananas	painappuru	パイナップル

Miniwörterbuch für die ersten Einkäufe

Apfel	ringo	林檎
Aprikose	anzu	杏・あんず
Auberginen	nasu	なす
Bambussprossen	takenoko	竹の子
Banane	banana	バナナ
Birnen	nashi	梨
Birnen europäische	yônashi	洋梨
Blumenkohl	karifurawaa	カリフラワー
Bohnen	mame	豆
grüne Sojabohnen	edamame	枝豆
kleine, rote Bohnen	azuki	小豆
Sojabohnen	daizu	大豆
Stangenbohnen	sayaingen	さやいんげん
Brokkoli	burokkorii	ブロッコリー
Brunnenkresse		
japanische	seri	せり
europäische	kureson	クレソン
Chinakohl	hakusai	白菜
Chrysanthemenblätter	shungiku	春菊
Eissalat	retasu	レタス
Erbsen	gurin piisu	グリーン・ピース
Erbsenschoten	kinusaya	絹さや
Erdbeere	ichigo	いちご
Eßkastanien	kuri	栗
Feigen	ichijiku	いちじく
Gemüse	yasai	野菜
eingelegtes	tsukemono	漬物
Goldpomeranze	kinkan	金柑
Granatapfel	zakuro	ざくろ
Grapefruit jap.	natsumikan	夏蜜柑
Grapefruit amerik.	gureepufuruutsu	グレープフルーツ
Gurke	kyûri	きゅうり
Kakifrucht	kaki	柿
Karotten	ninjin	人参
Kartoffeln	jagaimo	じゃがいも
	bareisho	馬鈴薯
Kirschen	sakurambo	さくらんぼ
Knoblauch	ninniku	にんにく
Kohl	kyabetsu	キャベツ
Kopfsalat	saradana	サラダ菜
Kürbis	kabocha	かぼちゃ
Lauch	negi	ねぎ
Linsen (NK)	renzu mame	レンズ豆
Lotuswurzel	renkon	蓮根
Mais	tômorokoshi	とうもろこし
Mandarine	mikan	蜜柑
Meerrettich japanischer	wasabi	わさび
europäischer	seiyô wasabi	西洋わさび
Melonen	meron	メロン

Miniwörterbuch für die ersten Einkäufe

Mispeln (Loquats)	biwa	びわ
Mohrrüben	ninjin	人参
Obst	kudamono	果物
Orangen	orenji	オレンジ
Paprikaschoten	piiman	ピーマン
Petersilie	paseri	パセリ
Pfirsich	momo	桃
Pflaumen europäische	puramu	プラム
bittere, japanische	ume	梅
Pilze	kinoko	茸・きのこ
Pilze schwarze	shiitake	椎茸
Champignons	masshuruumu	マッシュルーム
Kiefernpilz	matsutake	松茸
Seitlingart	shimeji	しめじ
Schüpplingart	nameko	なめこ
Schwindlingart	enokidake	えのきだけ
Radieschen	hatsukadaikon / radishu	はつか大根
Raps	nanohana	菜の花
Rettich	daikon	大根
Rhabarber	raabaarubaa	ラバルバー
Rosenkohl	mekyabetsu	芽キャベツ
Rote Beete	biitsu	ビーツ
Rotkohl	aka kyabetsu	赤キャベツ
Schalotten	esharotto	エシャロット
Schnittlauch	nira	にら
Schwarzwurzeln		
japanische	gobô	ごぼう
Spargel grün	asuparagasu	アスパラガス
Spargel weiß	shiro asuparagasu	白アスパラ
Soyabohnenkeimlinge	moyashi	もやし
Spinat	hôrensô	ほうれんそう
Stangensellerie	serori	セロリ
Süßkartoffeln	satsuma'imo	さつま芋
Tomaten	tomato	トマト
Trauben	budô	ぶどう
kernlose	tanenashi budô	種無しぶどう
Wasserkastanien	kuwai	くわい
Wassermelonen	suika	すいか
Weiße Rüben	kabu	かぶ
Zitrone	remon	レモン
Zwiebel	tamanegi	玉ねぎ
Geschirrspülmittel	shokkiarai senzai	食器洗い洗剤
Geschirrtuch	fukin	ふきん
Getränke	nomimono	飲み物
Bier	biiru	ビール
Getränkehändler	sakaya	酒屋
Mineralwasser	mineraru wootaa	ミネラル・ウオーター
mit Kohlensäure	tansan	炭酸
ohne Kohlensäure	fuji wootaa	フジ・ウオーター

Miniwörterbuch für die ersten Einkäufe

Reiswein	sake	酒
Saft	juusu	ジュース
Apfelsaft	ringo juusu	林檎ジュース
Orangensaft	orenji juusu	オレンジ・ジュース
Traubensaft	gureepu juusu	グレープ・ジュース
Tonicwasser	tonikku	トニック
Wein	budôshû	ぶどう酒
Rotwein	aka budôshû	赤ぶどう酒
Weißwein	shiro budôshû	白ぶどう酒
Weinbrand	burandii	ブランディー
0,7 l Flasche	ôbin	大びん
0,5 l Flasche	chûbin	中びん
0,35 l Flasche	kobin	小びん
Gewürze (NK)	kôshinryô	香辛料
Glückwunschkarten	oiwai kaado	贈答用カード
Glutamat (LB)	aji no moto	味の素
Gries (LB/NK)	semorina	セモリナ
Häkelnadel (ST)	kagibari	カギ針
Haferflocken (NK)	ootomiiru	オートミール
Hammer (KA)	kanazuchi	かなづち
Haselnüsse (LB)	heezeru nattsu	ヘーゼル・ナッツ
Hefe (BK)	iisuto	イースト
Trockenhefe	dorai iisuto	ドライ・イースト
frische Hefe	nama iisuto	生イースト
Heizöl (R)	tôyu	灯油
Hirschhornsalz (LB)	jûsô	重曹
Holzkohle (R)	sumi	炭
Honig (LB)	hachimitsu	蜂蜜
Jodtinktur (A)	yoodochinki	ヨードチンキ
Joghurt (LB)	yooguruto	ヨーグルト
Käse (LB)	chiizu	チーズ
Kaffee (LB)	koohii	コーヒー
Kartoffelstärkemehl (LB)	katakuriko	かたくり粉
Kekse (BK)	bisuketto	ビスケット
	kukkii	クッキー
Kerosin (R)	tôyu	灯油
Kerzen (KA)	rôsoku	ろうそく
Ketchup (LB)	ketchappu	ケチャップ
Klarsichtfolie (LB)	saran rappu	サラン　ラップ
Klettband (ST)	majikku teepu	マジック・テープ
Knopf (ST)	botan	ボタン
Konditorei (BK)	kashiya	菓子屋
Konserven (LB)		
Dosen	kanzume	かんづめ
Gläser	binzume	びんづめ
Kuchen (BK)	keeki	ケーキ

Miniwörterbuch für die ersten Einkäufe

Lametta (TH/NK)	rametta	ラメッタ
Leinen (ST)	asa	麻
Leitzordner (SW)	fairu	ファイル
Magermilch (LB)	sukimu miruku	スキム・ミルク
Maisstärke (LB)	koonsutaatchi	コーンスターチ
Mandeln (LB)	aamondo	アーモンド
mit Schale	kawatsuki aamondo	皮付きアーモンド
ohne Schale	kawamuki aamondo	皮むき アーモンド
Margarine (LB)	maagarin	マーガリン
Marmelade (LB)	maamareedo	マーマレード
Marzipan (BK)	majipan	マジパン
Mehl (LB)	komugiko	小麦粉
Meterband (ST)	makijaku	巻き尺
Milch (LB)	gyûnyû	牛乳
Kaffeemilch	miruku	ミルク
Milchpulver (A)	kona miruku	粉ミルク
Mischgewebe (ST)	konbô	混紡
Mülltüten (LB/KA)	gomibukuro	ごみ袋
Mull (A)	gaaze	ガーゼ
Muskat (LB)	natsumeggu	ナツメッグ
Nähmaschine (E/ST)	mishin	ミシン
Nähnadel (ST)	nuibari	縫い針
Nähseide (ST)	mishin ito	ミシン糸
Nagel (KA)	kugi	くぎ
Nelke (Gewürz) (NK)	kuroobu, chôji	クローブ・丁子
Nesselstoff (ST)	shinji	芯地
Öl (Salat) (LB)	abura	油
Ohropax	mimisen	耳せん
Orangeat (NK)	orenjipiiru	オレンジピール
Pfeffer (LB)	koshô /peppaa	こしょう・ペッパー
roter Pfeffer	tôgarashi	唐辛子
Pflaster (A)	bansôkô	バンソーコー
	bandoeedo	バンドエード
Pflaume (LB/GO)	ume	梅
salzig, eingelegt	umeboshi	梅ぼし
Polyester (ST)	pori'esuteru	ポリエステル
Praline	chokoreeto kyandii	チョコレート・キャンディー
Pudding (BK)	purin	プリン
Puderzucker (LB)	konazatô	粉砂糖
Putzlappen (KA)	zôkin	ぞうきん
Reinigung	dorai kuriiningu	ドライ　クリーニング
Reis (R)		
ungekochter	kome	米
unpolierter	genmai	玄米

Miniwörterbuch für die ersten Einkäufe

Reishändler	komeya	米屋
Reiskuchen (LB)	mochi	餅
Reißverschluß (ST)	jippâ	ジッパー
Roggenmehl (BG)	raimugiko	ライ麦粉
Sahne (LB)	nama kuriimu	生クリーム
Salatöl (LB)	sarada abura	サラダ油
Salz (LB)	shio	塩
Samt (ST)	biroodo, betchin	ビロード・ベッチン
Sauerrahm (LB)	sawaa kuriimu	サワー・クリーム
Schere ((ST/KA)	hasami	はさみ
Schnittmuster (ST)	katagami	型紙
Schokolade (LB)	chokoreeto	チョコレート
Schrägband (ST)	baiyasu	バイヤス
Schraubenzieher (KA)	doraibaa	ドライバー
Schrubber (KA)	sôjiyô burashi	掃除用ブラシ
Schweineschmalz (LB)	raado	ラード
Seetang (LB)		
für in die Suppe	wakame	わかめ
zum Suppekochen	konbu	昆布
für Reisbällchen	nori	のり
Seide (ST)	kinu	絹
Sicherheitsnadel (St/KA/SW)	anzenpin	安全ピン
Silbertücher (KA)	ginshokki migaki nuno	銀食器みがき布
Stoff (St)	kire / kiji	布 ・ 生地
Stopfnadel (St)	tojibari	とじ針
Stricknadel (St)	bôbari / ami bô	棒針・編み棒
Strickwaren (St)	nitto	ニット
Suppenwürfel (LB)	kokê suupu	固形スープ
Tee	ocha	お茶
grüner	ryokucha	緑茶
schwarzer	kôcha	紅茶
Teelichter (NK)	koohii-potto yô no rôsoku	コーヒーポット用のろうそく
Törtchen (BK)	kaizeru pan	カイゼル バン
	puchi pan	プチ バン
Tofu (LB)	tôfu	豆腐
Traubenzucker(A)	budôtô	ぶどう糖
Trockeneis (LB)	dorai aisu	ドライ アイス
Vanilleextrakt (LB)	banira essensu	バニラ・エッセンス
Vanillezucker (N/K)	banira satô	バニラ砂糖
Vogelfutter (R/LB)	tori no esa	鳥の餌
Wachteleier (LB/GF)	uzura no tamago	うずらの卵
Waschpulver (KA/LB)	sentaku sekken	洗濯石鹸
Walnüsse (LB)	kurumi	くるみ
Watte (A)	dasshimen	脱脂綿
Wattestäbchen (A/KA)	membô	めんぼう

Miniwörterbuch für die ersten Einkäufe

Weihnachtsschmuck(NK)	tsurii kazari	ツリー　かざり
Wolle (St)	uuru	ウール
Wollgarn (St)	keito	毛糸
Worcestersauce (LB)	uusutaa soosu	ウースター・ソース
Wundalkohol(A)	shôdokuyô arukooru	消毒用アルコール
Zimt (LB)	shinamon, nikkei	シナモン・肉桂
Zitronat (NK)	remonpiiru	レモンピール
Zucker (LB)	satô	砂糖

Zahlen
(in Großbuchstaben wiedergegebene Zahlwörter entstammen dem Chinesischen)

1	eins	hitotsu / ICHI	一つ・一
2	zwei	futatsu / NI	二つ・二
3	drei	mittsu / SAN	三つ・三
4	vier	yottsu / yon /SHI	四つ・四
5	fünf	itsutsu / GO	五つ・五
6	sechs	muttsu / ROKU	六つ・六
7	sieben	nanatsu / nana / SHICHI	七つ・七
8	acht	yattsu / HACHI	八つ・八
9	neun	kokonotsu / KYÛ / KU	九つ・九
10	zehn	tô / JÛ	十
11	elf	JÛICHI	十一
12	zwölf	JÛNI	十二
13	dreizehn	JÛSAN	十三
14	vierzehn	JÛyon / JÛSHI	十四
15	fünfzehn	JÛGO	十五
20	zwanzig	NIJÛ	二十
30	dreißig	SANJÛ	三十
40	vierzig	yonJÛ	四十
50	fünfzig	GOJÛ	五十
60	sechzig	ROKUJÛ	六十
70	siebzig	nanaJÛ	七十
80	achtzig	HACHIJÛ	八十
90	neunzig	KYÛJÛ	九十
100	hundert	HYAKU	百
500	fünfhundert	GO-HYAKU	五百
1000	tausend	SEN	千
10000	zehntausend	ICHIMAN	一万
100000	hunderttausend	JÛMAN	十万
1000000	eine Million	HYAKUMAN	百万

(N) Umrechnungstabellen

Gewichtsmaße

1 „pound"	0,454 Kilogramm	1 Kilogramm	2,205 pounds
1 Unza (ounce)	28,350 Gramm	1 Gramm	0,035 Unzen

Kocheinheiten

3 Teelöffel (teaspoon)	= 1 Eßlöffel (tablespoon)
1 Tasse (cup)	= 8 Unzen (ounces)
	= ½ pint
	= fast ¼ Liter
1 Pinte (pint)	= 0,57 l (in England)
	= 0,47 l (in Amerika)
2 cups	= 1 pint
4 cups	= 1,06 quarts
1 quart	= 1,136 l
100 Gramm	= 3½ Unzen

1 Kilogramm	= 1000 Gramm	= 2 pound 3 Unzen
454 Gramm	= 1 pound	= 16 Unzen
1 Unze	= 2 Eßlöffel	= ⅛ cup = 28,35 Gramm
2 Unzen	= 4 Eßlöffel	= ¼ cup = 56,70 Gramm
4 Unzen	= 8 Eßlöffel	= ½ cup = 1 stick = ¼ pound
4 quarts	= 1 gallon	= 4,54 l (in England)
		= 3,78 l (in Amerika)

Konservendosen

Nr. 300	= 1¾ cups	= 14–16 Unzen	= ca. 425 Gramm
Nr. 303	= 2 cups	= 16–17 Unzen	= ca. 460 Gramm
Nr. 2	= 2½ cups	= 20 Unzen	= 567 Gramm
Nr. 2½	= 3½ cups	= 29 Unzen	= 822 Gramm
Nr. 3	= 5¾ cups	= 46 Unzen	= 1304 Gramm

Umrechnungstabellen

Längenmaße

1 Yard	91,44	Zentimeter	1 Meter	3,28	feet
1 foot	30,48	Zentimeter	1 Meter	39,37	inches
1 inch	2,54	Zentimeter	1 Meter	1,094	yards
1 Kilometer	0,621	Meilen	1 Zentimeter	0,394	inches
1 Meile	1,609	Kilometer	1 yard	0,914	Meter

Temperaturumrechnungen

Celsius	Fahrenheit	Celsius	Fahrenheit
36,0°C	96,8°F	39,0°C	102,2°F
36,5°C	97,7°F	39,5°C	103,1°F
37,0°C	98,6°F	40,0°C	104,0°F
37,5°C	99,5°F	40,5°C	104,9°F
38,0°C	100,4°F	41,0°C	105,8°F
38,5°C	101,3°F		

Will man Fahrenheit in Celsius umrechnen, so subtrahiere man 32, multipliziere mit 5 und dividiere das Ergebnis durch 9.
Um Celsius in Fahrenheit umzuwandeln, multipliziere man mit 9, dividiere durch 5 und addiere schließlich 32.

Backofentemperaturen

	Fahrenheit	Celsius
„very slow" (schwache Hitze)	250°F	120°C
„slow"	275–300°F	140–150°C
„moderate" (mittlere Hitze)	350°F	187°C
„hot" (starke Hitze)	450°F	200–230°C
„very hot" (sehr starke Hitze)	475–500°F	250–260°C

(0) Index

( ) bezeichnet Seitenzahl für Lagepläne

Aeroflot 33
Aikido 95
Air France 33
Akupunktur 57
Alcoholics Anonymous 26
Alien Registration Card 11, 13, 15
Allgemeinpraxis 52
Altpapier 81
Am Brunnen 100
American Center Tokyo 29
American Express International Inc. 34
American Pharmacy 57 (72/2) (75/3)
American School in Japan 23
Amnesty International 26
Antiquitäten 16, 76
Apotheken 18, 57
Aquarium 113
Ärzte 51
Asahi Cultural Center 29, 83, 96, 97
Association of Foreign Wives
  of Japanese 100
Aufenthaltserlaubnis 9
Augenheilkunde 52
Ausflüge 114
Ausfuhr von Gütern 10
Auskunft 34
Auto 10, 13, 44, 142
Automobil Club 44
Autovermietungen 47

Babyausstattung 17, 71
Babysitter 77
Bäckereibedarf 62, 64
Bäckereien 61, 62, 152
Backofentemperaturen 162
Bahnen 40
Banken 27
Baseball 111
Bastelbedarf 73
Bibliotheken 94
Bicultural Families 100
Bilderrahmen 72, 73
Bonsai 95
Botanische Gärten 114

Botschaft 9, 13, 21 (14)
Botschaft der Bundesrepublik
  Deutschland 13, (14), 21
Botschaft der DDR 21
Bridgestone Museum of Art 86
British Airways 33
Bücher 19
Buchhandlungen 74, 84
Bundesländer 21, 27
Bunraku 89
Bürobedarf 74, 76
Busse 43

Certificate of Alien Registration 11, 13, 15
Chiba-Halbinsel 131, (132)
Chiropraktik 56
Clubs 98
Counselling International 26

Daishin Ômori 59
Damenbekleidung 17, 68
Damenschuhe 17, 69
Delivery Service 77
Deutsch-Japanischer Freundeskreis 100
Deutsche Botschaft 13, (14/1)
Deutsche Gesellschaft für Natur- und Völker-
  kunde Ostasiens (OAG) (28), 29, 94
Deutsche Industrie- und Handels-
  kammer 27, (28)
Deutsche Lokale 106
Deutsche Seemannsmission 25
Deutsche Schule Tokyo (DST) 19, 21, (22), 97
Deutsche Zentrale für Tourismus (28), 34
Deutscher Akademischer Austauschdienst
  (DAAD) (28), 29
Deutschsprachige Frauen 100
Dienstleistungen 77
Dolmetscherdienste 82
Domestic Service 78
Drogerie 17, 18
Druckereien 78

Ebara Byôin 51
Einfuhr 10

163

Index

Einfuhr von Tieren 10
Einfuhrverbote 11
Einkaufsprobleme 61
Einreise 9
Einrichtung 16, 71
Eintages-Ticket 41, 42
Einwanderungsbehörde 9, (15), 16, 35
Einwohnermeldeamt 11, 13, 35
Eislaufbahnen 108
Elektro 38
Elektrogeräte 17, 71, 72, 73, 79
Erdbeben 141
Evakuierungsgebiet 142, (143)
Evangelische Gemeinde 23, (24)

Fahrräder 71
Fahrschulen 44
Farben 152
Feiertage 136
Feste 136
Feuer 21
Fische 153
Fitness Center 98
Fleisch 64, 65, 153
Fleischgroßhandel 64
Flugauskunft Narita Airport 34
Fluggesellschaften 33
forecast 93
Foreign Customers Liaison Office 60
Frauenhaus 26
Freibäder 108
Freizeit 108
Freizeitparks 112
Friedrich-Ebert-Stiftung 31
Friseure 78
Führerschein 13
Führerscheinstellen 15
Fujigebiet 116
Fundbüros 38

Galerien 85, 88
Gardinen 71, 72, 73
Gas 38
Geburtshilfe 53
Geburtsvorbereitung 53
Geflügel 66, 154
Gemüse 154
Geschenke 19
Geschichte 148
Geschirr 72

Gesellschaft für Mathematik und Datenverarbeitung (GMD) (28), 31
Gesundheitszeugnis 11
Gewichtsmaße 161
Gläser 72
Go 94
Goethe-Institut (28), 31, 94
Größentabellen 68, 69
Gynäkologie 53

Hakone 121, (122)
Hallenbäder 99, 109, 110
Hals-Nasen-Ohren 54
Haneda Airport 34
Hatakeyama Museum 87
Hato-Bus 34
Hauptzollamt 10, (36/2)
Hausapotheke 18
Häuser- und Apartmentvermittlungen 79
Haushaltsartikel 73
Hauslieferung von Menüs 77
Hausrat 16, 71, 73
Hausreparaturen 80
Hautärzte 54
Heiße Quellen 111
Heiwa Hospital 48, (49)
Herrenbekleidung 17, 68
Herrenschuhe 17, 69
Hire Cars 44
Historische Geschäfte 76
Hotels 101

Idemitsu Art Gallery (36/23), 87
Ikebana 95
Immigration Office 9, (15), 16, 35
Imperial Theater (36/5), 91
Impfungen 18
Impfzentren 56
Impfzeugnis 11
Info-Service 34, 89
Innere Medizin 52
Intercultural Gathering 100
International Catholic Hospital 48 (50)
International House of Japan 32
International School of the Sacred Heart 23
International Womens Club 100
Isogo Center Hospital 48

Japan Airlines (JAL) 33
Japan Foundation 32

164

Index

Japan Minshuku Association 104
Japan Railpass 43
Japan Travel Bureau (JTB) 34, (36/9), 116
Japanführer 147
Japanisch-Deutsche Gesellschaft 32
Japanische Feiertage 136
Japanischkurse 83
Japanische Sportarten 95
Jikei Daigaku Byoin 51, 53
Jûdô 95
Jugendherbergen 105

Kabuki (36/24), 89
Kalligraphie 96
Kamakura 119, (120)
Karate 95
Kartenvorverkauf 89, 93
Käse 65
Katholische Gemeinde 24, (25)
Kaufhäuser 59
Ken Corporation 79
Kendô 95
Kerzen 71
Kieferorthopäden 55
Kinderärzte 54
Kinderbekleidung 17
Kindergärten 21, 23
Kinderklinik 51
Kinderspielzeug 17, 18
Kinderzahnärzte 55
Kinos 92
Kirchen 23
Klavier 16, 97
Kleidung 17, 68, 80
KLM 33
Kocheinheiten 161
Kochkurse 96
Kodomo no Kuni 112
Kodomo no Shiro 113
Kokuritsu Shôni Byôin 51
Kokuritsu Tokyo Daini Byoin 51, (64/2)
Konrad-Adenauer-Stiftung 32
Konservendosen 161
Konzerte 93
Konzertsäle 91
Korean Airlines 33
Kosmetik 18
Kraftfahrzeug 10, 13, 44, 142
Krankenhäuser 48
Krankenwagen 21

Küchengeräte 72
Kulturaustausch 29
Künste 95, 148
Kundendienst 17, 79
Kurse 94

Lampen 16, 71, 72, 73
Landkarten-Spezialgeschäft 74, 116
Längenmaße 162
Lebenshilfen 26
Lebensmittel 18, 61
Ledersachen 80
Lehrbücher 19, 84
Lexika 84
Literatur 39, 43, 44, 45, 48, 83, 84, 95, 104, 105, 112, 147, 150
Lokale 101
Lufthansa 33

Mail Order 75
Malkurse 97
Maßanfertigung 69
Meditation 98
Medizinische Betreuung 48
Mehrfahrkarten 42
Mehrwertsteuer 10, 13
Meldepflicht 13
Metropolitan Museum of Art 86
Miniwörterbuch 151
Minkaen 113
Minshuku 103
Möbel 16, 72, 73, 80
Möbelverleih 74
Modernes Theater 90
Müll 81
Museen 85, 87
Museum of Modern Art 86
Musik Clubs 98
Musikberatung 93
Musikunterricht 97

Näh- und Strickkurse 98
Nähzubehör 70, 73
Namensschilder 73
Narita Airport 34, 41
National Azabu Supermarket (14/3), 62, 65
National Cancer Center Hospital 56
National Health Clinic (14/3), 52
National Theater of Japan 89
NHK Hall 91

165

Index

Nisseki Hospital 51, (63)
Nô 89
North West Airlines 33
Notrucksack 142
Notruf 48

OAG (28), 29, 94
Öffentliche Verkehrsmittel 40
Okutamagawa-Gebiet 126
Onsen 111
Orange Cards 41
Oriental Basar (20), 73
Orientierungshilfen 147
Orthopädie 54
Österreichische Botschaft 21
Otto Versand 60

PanAm 33
Parks 111
Pferderennbahn 111
Personal 78
Philipp-Franz-von-Siebold-Stiftung 33
Polizei 21
Polsterarbeiten 71, 73
Post 35
Private Kunstmuseen 86
Programminformationen 93
Puppen 80

Quarantäne 11, 56
Quelle 60

Rape Crisis Line 26
Re-entry 15
Reformhäuser 66
Reinigungen 79
Reisebüros 34
Reiseführer 115
Reiseinfos 34
Reisepaß 9
Reit-Club 99
Religion 149
Reparaturen 79
Ruftaxi 44
Rundfunkanstalten 38
Ryokan 103

Safety Bag 142
Saisonkarten 41, 42
Sannô Clinic (28/5), 53, 54

Säuglingspflege 17
Schach 95
Schädlingsbekämpfung 80
Schmuck 68, 70
Schreinerarbeiten 71
Schuhe 17, 69, 80
Schul- und Lehrmaterial 19
Schulen 21
Schweizer Botschaft 21
Second Hand 73
Seisen International School 23
Shiatsu 57
Shimoda 133, (134)
Shinkansen 43
Shôgi 94
Shôwa Daigaku Byôin 51
Singapore Airlines 33
soziale Einrichtungen 23
Spangenärzte 55
Sperrmüll 81
Spielgruppen 21, 23
Sport 98, 108, 149
Sport Clubs 98
Sporthallen 111
Sportzentren 110
Sprachschulen 82
St. Joseph International School 23
St. Luke's International Hospital 48, (49), 53
St. Mary's International School 23
St. Maur International School 23
Stadien 111
Stadtpläne 45
Stadtteile und ihre Schriftzeichen 45
Straßenkarten 45
Sumie 96
Sumo 111
Supermärkte 61
Swiss Air Transport Co Ltd. 33
Swiss Chamber of Commerce & Industrie 27
Swiss Club Tokyo 100
Swiss-Japan Society 33

Taifun 141
Tapeten 71
Taxi 43
TCCS 27
Teezeremonie 96
Telefon 35
Telefonauskunft 37

Index

Telefonbücher 35
Telefonseelsorge „TELL" 27
Telefonvermittlung 37
Telefonvorwahlnummern 37
Telegramme 35, 38
Teletourist Service 34
Temperaturumrechnungen 162
Tennis Club 98
Teppichböden 71
The Foreign Correspondents Club of Japan 100
Theater 88
TIC 34, 114
Ticket-Sets 41
Tierärzte 57
Tierasyl 58
Tiere 10, 57
Tierkadavern 81
Tierkreiszeichen 136
Tierschutz 58
Tiervermittlungsstelle 58
Tokyo Baptist Church (26), 54, 83, 94, 96, 98, 99
Tokyo City Air Terminal 34
Tokyo Community Counselling Service (TCCS) 27
Tokyo Disneyland 113
Tokyo Journal 75, 93
Tokyo Medical and Surgical Clinic 52, 53
Tokyo National Museum 86
Tokyo Oroshiuri Center (TOC) 60
Tokyo Sanitarium Byôin 48, (51)
Tokyo Summerland 113
Tokyo Takarazuka Theater (36/26), 91
Tokyo Toritsu Hiroo Byôin 51, (63/2)
Tokyo Weekender 75
Tokyoführer 147
Tôkyû Hands (73), 78, 96, 97
Tour Companion 76, 93
Tourist Information Center (TIC) 34, (36/11), 114
Trans Meridian Navigation 33
Transport(unternehmen) 10, 33

Übersetzungsdienste 82

Uhren 80
Umrechnungstabellen 161
Umzug 10
UNESCO 26
UNICEF 27
United Airlines 33
Untergrundbahnen 41
Unterkünfte 101

Verbände (Industrie/ Bund/ Länder) 27
Vereine 98
Verwaltungsbezirke 11, (12)
Visum 9
Vokabular 45, 48, 51, 151
Volksfeste 136
Volksmuseum 113
Vorsorgeuntersuchungen 56

Wanderkarten 116
Wandern 114
Ward-Office 11
Wäsche 17, 68
Waschpulver 18
Washinzaka Hospital 48
Wasser 38
Wein 66
Western Art Museum 86
Wiedereinreise 15
Wochenendhäuser 79
Wohnsitz/Wohnort 10, 13
Wurst 66, 153

Yoga 98
Yokohama International School 23
Yokohama Municipal Port & Harbour Hospital 48
Yûzawaya 70

Zahlen 160
Zahnärzte 54
Zazen 98
Zeitschriften 75, 84
Zeitungen 75, 81
Zollamt 10

167

Veröffentlichungen der Gesellschaft für Natur- und Völkerkunde Ostasiens (OAG)

Gerhard Hackner (Hrsg.)
Die anderen Japaner
Vom Protest zur Alternative
ISBN 3-89129-360-7 • 324 S., geb. • DM 39,80

Elisabeth Gössmann / Günter Zobel (Hrsg.)
Das Gold im Wachs
Abhandlungen zur Vergleichenden Literatur- und Kulturwissenschaft, zur Religionswissenschaft und zum Dialog der Religionen (Festschrift für Thomas Immoos zum 70. Geburtstag)
ISBN 3-89129-270-8 • 555 S., geb. • DM 89,—

Gregor Paul
Die Aktualität der klassischen chinesischen Philosophie
ISBN 3-89129-420-4 • 120 S. • DM 23,50

Japan ohne Mythos
Zehn kritische Essays aus japanischer Feder 1946-1963
Übersetzt und mit einer Einleitung von Karl F. Zahl
ISBN 3-89129-423-9 • 333 S. • DM 39,80

Ernst Lokowandt (Hrsg.)
Referate des 1. Japanologentags der OAG in Tokyo
ISBN 3-89129-274-0 • 228 S., geb. • DM 58,—

Barbara Yoshida-Krafft (Hrsg.)
Das elfte Haus
Erzählungen japanischer Gegenwartsautorinnen
ISBN 3-89129-301-1 • 304 S., geb. • DM 23,80

Takao Suzuki
Eine verschlossene Sprache – Die Welt des Japanischen
Übersetzt und eingeleitet von Irmela Hijiya-Kirschnereit
ISBN 3-89129-275-9 • ca 220 S., geb. • ca. DM 39,80

Albert und Lina Mosse
Fast wie mein eigen Vaterland ...
Briefe aus Japan 1886–1889
hrsg. von Shirô Ishii, Ernst Lokowandt und Yukichi Sakai
ISBN 3-89129-273-2 • ca. 550 S., geb. • ca. DM 58,—

Das Veröffentlichungsverzeichnis aller seit 1945 von der OAG herausgegebenen Bücher (weit über 100 Titel) kann beim iudicium verlag oder der OAG Tokyo direkt angefordert werden.

iudicium verlag